Wir danken
Ulla Berkewicz,
Walter Breitinger,
Rolf Cordes,
Willi Müller-Sieslak,
Vera Rücker,
Ulrike Schiedermair,
Tina Schreck,
Guido Stazinski,
dem Buchladen Land in Sicht,
der Opak Werbeagentur,
dem Verein der Freunde der Frankfurter Kleinmarkthalle
und den Händlern der Kleinmarkthalle.

DIE KLEINMARKTHALLE KOCHT

Nizza Verlag

Ich erinnere mich noch haargenau an das erste Mal. Ich betrat die Kleinmarkthalle vom Liebfrauenberg aus, durchquerte völlig ahnungslos das unscheinbare Foyer, ging vorbei an Gerdas Modelädchen und der kleinen Schmuckboutique – und dann traf mich fast der Schlag. Auf diese Pracht und Fülle war ich nicht vorbereitet. Eine solch bunte, schlaraffenländische Vielfalt kannte ich bis dahin nur von Märkten in Italien oder Frankreich. In deutschen Städten hatte ich so etwas noch nie gesehen. Auch wenn heute, nach vielen hundert Besuchen, die Kleinmarkthalle für mich nicht mehr ganz so aufregend ist wie damals, ist es doch immer wieder eine Freude, diesen von Wetter und Lärm und Hektik unabhängigen Kosmos des guten Lebens zu betreten.

Durch die Kleinmarkthalle lernte ich Kochen. Ihr verdanke ich die Neugier, all die guten Dinge auszuprobieren, und den Ehrgeiz, sie in leckeres Essen zu verwandeln. Der Frust über missglückte Experimente wurde aufgewogen durch das Lob der Freunde, die meine Fortschritte goutierten.

Wenn man von der Kleinmarkthalle spricht, meint man neben dem phantastischen Angebot auch die Halle selbst, die keine Schönheit auf den ersten Blick ist, aber eine aparte Erscheinung mit viel Charme und Ausstrahlung und in einer Lage, wie sie besser nicht sein könnte. Über 50 Jahre hat sie auf dem Buckel, ihre Zukunft ist im Augenblick ungewiss, und man darf hoffen, dass nicht zu viel an ihr herumgedoktert und schönheitsgeschnippelt wird.

Vor allen Dingen meint man aber die Händler, diese Genuss-Experten, die genau wissen, was sie verkaufen, woher es kommt und wie es zubereitet wird. Viele von ihnen sind schon jahrzehntelang dabei, erinnern sich noch gut an das anfangs recht bescheidene Angebot aus lokalem Grünzeug. Erst mit dem Zuzug der Gastarbeiter in den 1960iger Jahren kamen die fremden Gemüse aus Italien, Spanien und Griechenland an die Stände: Auberginen, Artischocken, Zucchini, Melonen, grüner Spargel, Radicchio. Und danach, mit zunehmender Weltläufigkeit der Frankfurter, erschienen die exotischen Früchte und Gewürze. Nach und nach kamen auch die Händler aus fernen und fernsten Ländern. Es kamen die Stände mit Biogemüse und Ökofleisch, mit Berberitzen und Sushi. Und über all die Jahre haben die Händler ein immenses Wissen über Lebensmittel angehäuft, das sie gerne und freundlich mit ihren Kunden teilen – es sei denn, es ist Samstag und Lärmpegel und Gedränge nehmen bedrohliche Ausmaße an. Sonst sind sie immer für ein Schwätzchen über ihre Waren zu haben, genauso wie für ein Fachgespräch oder einen Rezept-Tipp.

Daraus und aus dem eigenen Fundus ist über die Jahre eine Sammlung entstanden, die Grundlage für dieses Kochbuch ist. Es sind Rezepte, die an vielen kritischen Essern mehrfach erprobt und für gut befunden wurden. Sie sind einfach nachzukochen und selbstverständlich sind alle Zutaten in der Kleinmarkthalle erhältlich.

Das Buch ist aber nicht nur Anleitung zum Kochen, sondern auch ein Bilderbuch. Wir haben versucht, die besondere Atmosphäre der Kleinmarkthalle einzufangen. Das üppige Angebot und die liebevoll arrangierten Stände, selbstbewusste Händler und zufriedene Kunden, eindrucksvolle Panoramen und schrammelige Ecken – so wie sie eben ist: die Frankfurter Kleinmarkthalle.

Eva Wolf

Nellas Bresaola mit Rucola

Bresaola ist gepökeltes und luftgetrocknetes Rindfleisch, ähnlich wie Bündner Fleisch, aber wesentlich saftiger.

Für vier Personen:

8 Scheiben Bresaola

20 g Parmesankäse

1 Bund Rucola

Olivenöl

1 Zitrone

Den Parmesan fein hobeln. Den Rucola grob zerzupfen. Jede Scheibe Bresaola mit Parmesanspänen und Rucola belegen und locker aufrollen. Die Röllchen auf eine Platte legen. Die Zitrone auspressen, den Saft über die Bresaolawickel gießen und großzügig bestes Olivenöl darüber träufeln. Nella Masi empfiehlt, die Röllchen einen Tag durchziehen zu lassen.

Roh marinierte Steinpilze

Der Steinpilz ist ein wahrhaft königlicher Pilz, der mit Morchel und Trüffel die Riege der Edelpilze anführt. Achten Sie unbedingt darauf, junge Steinpilze zu bekommen, in diesem Stadium sind sie klein und fest. Im Alter werden sie schwammig und weich, und eignen sich allenfalls noch zum Trocknen.

Für vier Personen:

200 g Steinpilze

2 Eigelbe von hartgekochten Eiern

Salz

1 Zitrone

1 Knoblauchzehe

100 ml Olivenöl

2 Sardellen in Öl eingelegt

Pfeffer

30 g Parmesan

Die Steinpilze putzen und mit einem trockenen Tuch abreiben. Die Pilze längs in dünne Scheiben schneiden und auf eine flache Platte legen. Die Eigelbe durch ein Sieb streichen, salzen und mit dem ausgepressten Zitronensaft beträufeln. Die Knoblauchzehe schälen, auf eine Gabel stecken und damit das Olivenöl langsam in die Eigelb-Zitronensaft-Mischung rühren, bis die Sauce schön sämig ist. Die beiden Sardellen gut abtupfen, in winzige Stückchen schneiden und untermischen. Die Sauce mit Salz und Pfeffer abschmecken und über den Pilzen verteilen. Den Parmesan mit einem Trüffelhobel oder einem Sparschäler in hauchfeine Scheiben hobeln und darüber streuen.

Fiori di zucchine fritte: Gebratene Zucchiniblüten

Zucchiniblüten werden vom Frühsommer bis in den Herbst geerntet. Sie sind nicht nur bildschön, sondern auch praktische Gefäße für Füllungen aus Kräutern, Pilzen, Hackfleisch, püriertem Gemüse oder, wie in diesem Rezept, für Käse. Gemüsehändlerin Caterina Gurreri brät Zucchiniblüten ganz einfach in Olivenöl und würzt sie mit Salz und Pfeffer. Und tatsächlich schmecken sie auch so ganz wunderbar.

Für vier Personen:

150 g Mehl

3 Esslöffel Olivenöl

100 ml trockener Weißwein

2 Eier

Salz, Pfeffer

100 g Ricotta

12 schöne Basilikumblätter

12 Zucchiniblüten mit kleiner anhängender Zucchini

1 l Oliven- oder Pflanzenöl zum Ausbacken

Mehl in eine Schüssel sieben, eine Mulde hineindrücken und das Olivenöl hineingießen. Das Öl mit etwas Mehl zu einem zähen Brei verrühren. Nach und nach den Wein, 100 ml Wasser und die Eier mit einem Schneebesen einrühren. Mit Salz und Pfeffer würzen und den Teig mindestens 1 Stunde quellen lassen.

Mit einem kleinen Messer vorsichtig die Stempel und Staubgefäße aus den Zucchiniblüten entfernen. Die anhängende Frucht längs einschneiden, damit sie gleichzeitig mit der Blüte gar wird. Den Ricotta mit Salz und Pfeffer würzen und glattrühren. Jeweils einen Teelöffel Ricotta auf ein Basilikumblatt setzen und zusammenfalten. Jede Zucchiniblüte mit einem Basilikumblatt füllen und die Blütenspitze leicht zusammendrehen.

Das Öl in einer hohen Pfanne sehr heiß werden lassen. Die Zucchiniblüten einzeln in den Teig tauchen und im heißen Öl in 5 Minuten auf allen Seiten goldbraun braten. Mit Zitronenspalten servieren.

Bruschetta mit ofengetrockneten Tomaten und schwarzen Oliven

Für 12 Scheiben:

4 große reife, aber noch feste Fleischtomaten

4 Esslöffel Olivenöl

3 Knoblauchzehen

1/2 Bund Thymian

Salz, Zucker

kleine schwarze Oliven mit Stein

12 Scheiben kräftiges italienisches Landbrot

1/2 Bund Rucola

1 Knoblauchzehe

Olivenöl

Den Backofen auf 100 Grad vorheizen. Die Tomaten enthäuten, vierteln und die Kerne entfernen. Ein Backblech mit Olivenöl einfetten und die Tomatenviertel darauf legen. Die Knoblauchzehen schälen und in grobe Stücke schneiden, die Thymianblättchen abzupfen. Die Knoblauchzehen und die Thymianblättchen über und um die Tomaten verteilen. Salz und etwas Zucker darüberstreuen und mit dem Olivenöl begießen. Das Blech in den Ofen schieben und die Tomaten 1 Stunde garen.

Die Oliven entsteinen und vierteln. Die gegarten Tomatenviertel noch einmal halbieren. Mit den Oliven und etwas zerrupftem Rucola vermischen. Die Brotscheiben im Backofen rösten. Mit der Knoblauchzehe einreiben, salzen und pfeffern und mit einem dünnen Faden Olivenöl beträufeln. Die Tomaten-Oliven-Mischung darauf verteilen und eventuell noch einige Tropfen Olivenöl darüber geben.

Die ofengetrockneten Tomaten schmecken auch prima in Salaten, zu Mozzarella mit Basilikum und als Beilage zu gebratenem Fisch oder Hühnchen.

Cipolline al vino bianco: Zwiebeln in Weißwein

Cipolline sind weiße, milde Zwiebelchen aus Italien. Sie sind flach, so als hätte man mit der Faust darauf geschlagen, und wunderbar zart und süß. Sie werden im Frühling und Frühsommer geerntet und haben keine Schale. Man muss sie also lediglich waschen.

Für vier Personen:

40 g Butter

4 Esslöffel Olivenöl

750 g weiße Zwiebeln

200 ml trockener Weißwein

Salz

schwarzer Pfeffer

1 Bund glatte Petersilie

Die Butter in einer feuerfesten Form zerlassen, das Öl hinzufügen. Die Zwiebeln waschen und nebeneinander in die Form setzen. Mit dem Weißwein begießen, salzen und pfeffern und im Backofen bei 200 Grad etwa 30 Minuten schmoren.

Die Zwiebeln wenden und weitere 30 Minuten im Ofen garen. Mit einem spitzen Messer prüfen, ob sie weich sind. Wenn nicht, noch etwas länger im Ofen lassen. Den Sud mit Salz und Pfeffer abschmecken. Die Petersilie waschen, fein hacken und über die Zwiebeln streuen.

Mit Weißbrot serviert, sind die Zwiebeln eine köstliche Vorspeise, passen aber auch ausgezeichnet zu kurzgebratenem Fleisch, z. B. zum Côte de Boeuf auf Seite 138.

Artischocken à la Barigoule

Der Name des Gerichts leitet sich von „barigoulo" ab, dem provenzalischen Wort für Pilz wie für einen breitkrempigen Hut. Tatsächlich erinnern die freigelegten Artischockenböden an Pilzhüte oder flache, breitkrempige Kopfbedeckungen.

Für vier bis sechs Personen:

10–12 Artischocken
(je nach Größe)

2 Zitronen

75 g luftgetrockneter, durchwachsener Speck, in dünne Scheiben geschnitten

3 Esslöffel Olivenöl

150 g Schalotten

5–6 Knoblauchzehen

3 Thymianzweige

1–2 Chilischoten

Salz

1/2 Teelöffel Pfefferkörner

400 ml trockener Weißwein

Die Artischocken putzen, dabei rigoros vorgehen, sonst ärgern Sie sich beim Essen über harte, strohige Stücke. Bei den großen Exemplaren den Stiel abbrechen, bei kleinen Blüten kann der Stiel geschält und mitgegessen werden. Die harten Außenblätter sehr großzügig abbrechen. Mit einem scharfen Messer das obere Drittel der Artischockenblätter abschneiden und den Boden rundum von allen harten und dunkelgrünen Teilen befreien. Die weichen Blättchen direkt über dem Heu abzupfen und das Heu mit einem Teelöffel herauskratzen. Die Herzen je nach Größe ganz lassen oder halbieren. Die geschälten Artischockenherzen bis zur weiteren Verwendung in Zitronenwasser legen.

Den Speck in sehr feine Streifen schneiden. Die Schalotten schälen und unzerteilt lassen. Die Knoblauchzehen schälen und vierteln. Das Olivenöl in einem möglichst breiten, flachen Topf erhitzen, die Speckstreifchen darin sanft andünsten. Die Artischocken und die Schalotten dazugeben. Wenn das Gemüse rundum angedünstet ist, die Knoblauchzehen hinzufügen. Thymian und Chilischoten kurz mitbraten. Alles mit Salz würzen und die Pfefferkörner hineinstreuen, schließlich mit dem Wein ablöschen. Den Topf zudecken und die Artischocken etwa 20 Minuten ganz sanft köcheln. Im Sud abkühlen lassen. Die Artischocken halten sich zwar im Kühlschrank einige Tage, sollten zum Essen aber unbedingt Zimmertemperatur haben.

Dazu passt Baguette, mit dem man die köstliche Sauce auftunken kann.

Piatto Francescano

Für vier Personen:

4 Scheiben junger Pecorino, 1/2 cm dick

1 Abate-Birne

8 Esslöffel Trüffelhonig

Pfeffer

Die Pecorinoscheiben, die Zimmertemperatur haben müssen, in einer beschichteten Pfanne ohne Fett bei mittlerer Hitze schmelzen. Die Birnen schälen und vierteln. Das Kerngehäuse herausschneiden, die Viertel in dünne Scheiben schneiden und auf 4 Teller verteilen. Den Trüffelhonig neben die Birnenscheiben träufeln, den geschmolzenen Käse daneben platzieren und mit frisch gemahlenem Pfeffer würzen.

Perfekt dazu: ein Gläschen Vin Santo Riserva.

Rucola und Erdbeeren mit Balsamico und Parmesan von Francesco Belvedere

Für vier Personen:

1 Bund Rucola

12 schöne aromatische Erdbeeren

1 Stück alten Pecorino oder Parmesan

alter, dickflüssiger Balsamico

Die Rucolablätter waschen, grob zerzupfen und auf vier Teller verteilen. Die Erdbeeren waschen, putzen, halbieren und auf den Rucola setzen. Feine Späne von altem Pecorino oder Parmesan auf die Erdbeeren hobeln und alles mit dem Balsamico beträufeln.

Noch mehr Köstliches: Parmaschinken und frische, halbierte Feigen, beträufelt mit Balsamico ai fichi, einem Balsamessig, der mit frischen, kleingeschnittenen Feigen mariniert und anschließend filtriert wird.

Francesco Belvedere ist besser bekannt unter dem Namen „huomo dell'olio" und sein Laden auf der Galerie ist tatsächlich ein Eldorado für Liebhaber italienischer Olivenöle. Angesichts seiner großen Auswahl italienischer Weine, vor allem von kleinen ambitionierten Weingütern aus dem Süden, wäre „Huomo del vino" ebenfalls passend. Neben Öl, Wein und Essig importiert Francesco Belvedere Schinken, Käse und Salami direkt von kleinen Erzeugern, die er persönlich kennt. Bei ihm gibt es luftgetrockneten Wildschweinschinken aus Umbrien von Tieren, die sich nur von Eicheln ernährt haben, Trüffelschmalz aus dem Piemont oder Pecorino von einem kleinen Bauernhof in Sizilien. Er hat kein festes Angebot, da er keine industriell hergestellten Lebensmittel bei Großimporteuren kauft. Bei ihm gibt es nur, was ihm seine italienischen Produzenten zur Verfügung stellen können. Seit mehreren Jahren organisiert Francesco Belvedere Kochkurse auf kleinen Gutshöfen in der Toskana und der Emilia Romagna.

Franz Olbrichs Stand für „Asiatische und lateinamerikanische Obst- und Gemüsespezialitäten" gehört zu den buntesten und geschmackvollsten der Kleinmarkthalle (vielleicht liegt es daran, dass er Kunstgeschichte studierte, bevor er den Stand in der Markthalle übernommen hat). Es gibt kaum eine exotische Frucht, ein seltenes Gemüse oder eine asiatische Gewürzpflanze, die er nicht in seinem Sortiment hat: experimentierfreudige Köche finden hier eine sehr gute Auswahl von milden, scharfen und extrem scharfen Chilischoten, Wasserspinat und Bittergurken, Yamswurzeln und Kochbananen, Maniok und seltenen Salatsorten. Wenn Sie z. B. Mizuna-Salat an seinem Stand entdecken, sollten Sie unbedingt zugreifen und das Rezept auf Seite 60 ausprobieren.

Pimientos de Padrón: Gebackene Paprikaschoten

Für vier Personen:

500 g Pimientos de Padrón
Olivenöl
Fleur de sel

Die Schoten waschen und trocknen. In einer große Pfanne – die Schoten sollen nebeneinander liegen können – reichlich Olivenöl erhitzen. Die Schoten unzerteilt dazugeben und mit einem Holzlöffel vorsichtig bewegen und wenden, damit sie nicht anbrennen. Sobald die Schoten von allen Seiten leicht angebräunt sind, das dauert etwa 4 bis 5 Minuten, sind sie fertig und werden mit Fleur de sel bestreut gegessen. Weißbrot dazu genügt, wer mag, kann eine Aioli, zu deutsch Knoblauchmayonnaise, dazu servieren.

Bei den Pimientos de Padrón, die Herr Olbrich als Rezept-Tipp ausgesucht hat, handelt es sich um kleine, dunkelgrüne, rundliche Paprikaschoten, die vom Frühsommer bis zum Herbst wachsen. Ursprünglich kommen sie aus Galizien, sind aber schon seit vielen Jahren in der mallorquinischen Küche fest etabliert. Anfangs noch mild und süß, nehmen sie bis in den Oktober hinein mit jedem Monat an Schärfe zu. Es kann also sein, dass eine Schote dabei ist, die ordentlich die Zunge beißt: „algunos pican, otros no!", oder wie Franz Olbrich sagt „spanisches Roulette". Sie sind eine pikante Vorspeise, die in der Pfanne oder auf dem Grill gebraten wird. Die zarten Kerne im Inneren unbedingt mitessen.

Chili-Papaya-Sauce

Dieses Rezept stammt von den französischen Antillen und verwendet die dort heimischen „piments-lampion". Wenn Sie diese bei Franz Olbrich nicht bekommen, können Sie sie z. B. durch die mexikanischen Habaneros ersetzen. Die Sauce passt als Dip zu Gemüse, zu pochiertem oder gegrilltem Fisch und zu kurz gebratenem Fleisch.

Für vier Personen:

8 scharfe Chilis,
z. B. Piments lampions
250 g Papayafruchtfleisch
3 Knoblauchzehen
1/2 Teelöffel Salz
1 cm frische Ingwerwurzel
1/2 Teelöffel Kurkumapulver
1 Schalotte
1 Limette

Die Chilis waschen, halbieren, die Kerne und Scheidewände entfernen und die Schote in grobe Stücke schneiden. Die Papaya schälen, 250 g Fruchtfleich würfeln. Die Knoblauchzehen schälen und in grobe Stücke schneiden. Den Ingwer und die Schalotte schälen und beides sehr fein hacken. Die Limette auspressen.

Knoblauch und Chili mit dem Salz in einem Mörser grob zerstoßen. Die Papayastücke zugeben und mit der Chili-Knoblauch-Mischung fein zerreiben. Ingwer, Kurkuma und Zwiebel zugeben, alles gut miteinander vermischen. Mit dem Limettensaft in einen Topf geben und zum Kochen bringen. 2 bis 3 Minuten köcheln und erkalten lassen.

Bratapfel mit Blutwurst

Für vier Personen:

4 schöne, gleich große
Äpfel z. B. Elstar, Rubinette
oder Boskop

1–2 Scheiben Weißbrot

100 g Blutwurst

1 kleine Zwiebel

1 Knoblauchzehe

2 Esslöffel Butter

1 Teelöffel getrockneter
Majoran

1 rote Chilischote

Butter für Flöckchen

Den Backofen auf 200 Grad vorheizen. Das Kerngehäuse der Äpfel mit einem Ausstecher entfernen. Den Hohlraum mit einem scharfen Messer vorsichtig noch etwas vergrößern. Ein Stück des ausgestochenen Kerngehäuses abschneiden und als Pfropfen von unten in den Apfel stecken, damit die Füllung nicht ausläuft.

Das Brot klein würfeln, ebenso die Blutwurst. Die Zwiebel und den Knoblauch feinhacken. Die Butter erhitzen, die Brotwürfelchen darin braun rösten und aus der Pfanne nehmen. Nun Zwiebel und Knoblauch andünsten und mit Majoran würzen. Die Blutwurst mit dem Brot und den Zwiebeln locker vermischen. Die Masse in die Äpfel füllen. Je einen Apfel auf ein mit einem Butterflöckchen versehenes Stück Alufolie setzen und ein Butterflöckchen obenauf platzieren. Die Folie oben zusammenfassen und zusammendrehen.

Die Äpfel auf dem Rost in den heißen Ofen schieben und eine halbe Stunde garen. Jeder Esser bekommt sein Päckchen auf den Teller, damit er das Aroma, das beim Öffnen entsteigt, genießen kann. Mit Kartoffelpüree serviert taugt dieses Essen auch als Hauptgericht.

Die Zusammenstellung von Blutwurst und Apfel mag zunächst ungewöhnlich erscheinen. Begleitet von Kartoffelpüree gehört sie unter dem Namen „Himmel und Erde" schon seit vielen Jahren zur typischen deutschen Hausmannskost.

Pastrami und Bündner Fleisch, elsässische Gänseleberpastete, ahle Worscht und Biopresskopf aus Oberhessen, Vollkornbrot mit Walnüssen und getrockneten Aprikosen, selbstgekochte Marmeladen, Bitterschokolade von Valrhona, hausgemachte Serviettenknödel und Vitello tonnato, hessischer Cidre, selbstgemachter Kräuterfrischkäse und Fischterrinen – und im Hintergrund braten Hühnerschenkelchen und verbreiten einen köstlichen Duft: Sie sind bei „Peters Delikatessen" von Heidi und Peter Nowak angekommen, denen für ihre Geduld und Freundlichkeit ein Preis gebührt. Bei jedem Besuch haben die beiden eine Neuentdeckung im Programm und immer gute Tipps fürs Kochen – was nicht erstaunlich ist, da Herr Nowak viele Jahre als Koch gearbeitet hat. Für die Empfehlung, gereiften Käse mit Birnensenf zu kombinieren, sind noch heute ganze Freundeskreise dankbar. Die originellen Rezepte, die sie uns überlassen haben, sind einfach nachzukochen und authentisch hessisch.

Handkäsetatar auf einem Kressebeet

Für vier Personen:

4 schöne reife Handkäse
2 Schalotten
1 Bund Schnittlauch
8 Radieschen
4 Esslöffel Weißweinessig
4 Esslöffel Öl
2 Teelöffel Kümmel
schwarzer Pfeffer
100 g frische Gartenkresse

Die Handkäse in kleine Würfelchen hacken. Die Schalotten sehr fein hacken, den Schnittlauch in Röllchen schneiden, die Radieschen fein würfeln. Den Essig mit Salz und Pfeffer vermischen, das Öl dazugeben und sämig rühren. Schalotten, Schnittlauch, Kümmel, Radieschen und die Handkäsewürfel unterheben. Das Tatar in vier kleine Gläser füllen und festdrücken. Die Kresse waschen, trocken schleudern und auf vier Teller verteilen. Das Tatar auf das Kressebeet stürzen und mit einem kräftigen Bauernbrot servieren. Dazu empfiehlt Herr Nowak traditionell hessisch ein Glas Apfelwein.

Ein anderes, sehr originelles Rezept von Peter Nowak, den „Oberhessischen Wurstsalat", finden Sie auf Seite 57.

Seit acht Jahren verkauft das Ehepaar Hagipour italienische und spanische Spezialitäten wie Manchego, Chorizo, Serrano riserva, Parmaschinken und bestes Olivenöl aus allen Mittelmeer-ländern. Aber es sind vor allen Dingen die hausgemachten Antipasti, die köstlichen Käsepasten, gefüllten Peperoncini, Minipaprika, Cocktailtomaten, Oliven und die geschichteten Türmchen aus getrockneten Tomaten und Frischkäse, die ins Auge stechen und die Schleckermäuler anzie-hen. Herr Hagipour tüftelt mit großer Leidenschaft an immer neuen Kreationen, und erst wenn sie den strengen Geschmackstest seiner Ehefrau Nadia bestanden haben, kommen sie in die Auslage.

Schafskäsecreme mit Pesto

Für vier Personen:

1 Bund Basilikum

2 Esslöffel Pinienkerne

3 Knoblauchzehen

etwa 1/8 l Olivenöl

200 g kräftiger Schafskäse

Die Basilikumblättchen abzupfen. Die Pinienkerne in einer Pfan-ne ohne Fett hellbraun rösten. Die Knoblauchzehen schälen und grob hacken. Die Zutaten im Mixer fein pürieren. Den grob zerkrümelten Schafskäse in den Mixer geben und mit dem Pesto pürieren, eventuell noch etwas Rapsöl untermischen, um die Masse geschmeidiger zu machen. Die Creme darf nicht zu fein püriert werden, sie sollte eine fein-krümelige Konsistenz haben.

Schafskäse-Mango-Creme

Für vier Personen:

200 g kräftiger Schafskäse

1 frische Mango

1 Esslöffel scharfe Chilisauce

1 Knoblauchzehe

1 Teelöffel Dijonsenf

1 Teelöffel spanischer Espelette-Paprika

etwas Pflanzenöl, z. B. Rapsöl

Den Schafskäse zerkrümeln. Die Mango schälen und in grobe Stücke schneiden. Alle Zutaten im Mixer zu einer nicht zu feinen Creme pürieren.

Beide Cremes passen wunderbar auf einen Vorspeisenteller mit Oliven, eingelegten Peperoncini und getrockneten Tomaten oder als Dip für Selleriestangen, schmecken aber auch köstlich auf geröstetem Weißbrot oder Fladenbrot.

Bei Teo's Delikatessen drängeln sich die Besucher, denn hier gibt es immer etwas zu probieren: Salami, Manchego, Pecorino, eingelegte Tomaten, Oliven oder Brot, getränkt mit dem mild-fruchtigen Olivenöl aus eigenen kretischen Oliven. Frau Frieser junior vom Gemüsestand gleichen Namens lässt kein anderes Olivenöl an ihren Salat als dieses. Seit 1979 ist das Familienunternehmen schon in der Kleinmarkthalle. Inzwischen hat die dritte Generation übernommen, mit ebenso großer Begeisterung für alles Gute aus dem Mittelmeerraum wie die erste und mit ansteckend guter Laune. Die Delikatessen in der Vitrine kommen überwiegend aus Italien, Spanien, Griechenland und Frankreich, die appetitlichen Frischkäse mit Kräutern, Oliven oder getrockneten Tomaten sind hausgemacht.

Teos Spargelkuchen mit San Daniele

Für vier Personen:

1 kg grüner oder weißer Spargel oder beide Sorten gemischt

100 g geriebener Parmesan

4 Eier

Salz, Pfeffer

4 Zweige Thymian

200 g San Daniele Schinken

1 Kugel Mozzarella di Buffala

Den weißen Spargel schälen und das holzige Ende abschneiden, vom grünen Spargel nur das untere Drittel abschneiden. Den Spargel in Salzwasser mit einer Prise Zucker bissfest kochen – den weißen Spargel je nach Dicke etwa 10 Minuten, den grünen 7 Minuten. Die Thymianblättchen abzupfen. Die Eier verquirlen, den Thymian und den geriebenen Parmesan untermischen, pfeffern und sparsam salzen. Den Mozzarella in dünne Scheiben schneiden.

Den Backofen auf 180 Grad vorheizen. Den Boden einer runden Auflaufform mit Öl oder Butter bestreichen und mit der Hälfte des Spargels sternförmig auslegen. Die dabei entstehenden Zwischenräume mit halbierten oder gedrittelten Spargelstangen auffüllen und die Hälfte der verquirlten Eier darübergießen. Den restlichen Spargel darauf schichten und mit den Eiern begießen. Mit dem San Daniele Schinken gleichmäßig bedecken und darauf die Mozzarellascheiben verteilen. Im heißen Backofen 20 Minuten überbacken, aus dem Ofen nehmen und vor dem Servieren noch einige Minuten ruhen lassen.

Ziegenfrischkäse mit Haselnusskruste

Für vier Personen:

200 ml Balsamico-Essig, am besten 5 Jahre alt

2 Esslöffel kaltgeschleuderter Bienenhonig

2 Handvoll Haselnüsse

1 Frisee-Salat

350 g Ziegenfrischkäse

Salz, Pfeffer

4 Esslöffel Haselnussöl

Den Balsamico mit 200 ml Wasser und dem Honig in einem kleinen Töpfchen unter ständigem Rühren auf etwa die Hälfte einkochen. Vom Feuer nehmen und abkühlen lassen. Unterdessen die Haselnüsse mit einem kleinen Messer in hauchdünne Scheibchen schneiden – das ist ein bisschen knifflig und zeitaufwendig, lohnt sich aber. Die Nüsse ohne Fett in einer Pfanne vorsichtig braun rösten. Aufpassen: die Nussscheiben verbrennen sehr schnell. Die Nüsse abkühlen lassen. Den Salat in mundgerechte Stücke zupfen, waschen und trocken schleudern. Die Salatblätter auf vier Tellern anrichten und mit der abgekühlten Balsamico-Reduktion beträufeln. Den mit Hilfe von zwei Löffeln in Kugelform gebrachten Ziegenfrischkäse in die Mitte setzen. Salzen, pfeffern und mit den Haselnüssen bestreuen. Das Haselnussöl über den Käse und die Nüsse tropfen. Mit Baguette oder einem dunklen Nussbrot servieren.

Thomas' Blätterteighäppchen mit Apfel und Ziegenkäse

Für vier Personen:

2 Esslöffel Pinienkerne

2 Scheiben tiefgefrorener Blätterteig

1 Eigelb

1 säuerlicher Apfel

4 etwa 1/2 cm dicke Scheiben milder Ziegenkäse, z. B. Crottin de Chavignol

2 Teelöffel Honig

2 Zweige Thymian

Den Backofen auf 200 Grad vorheizen. Die Pinienkerne ohne Fett goldgelb rösten. Die beiden leicht angetauten Blätterteigscheiben aufeinander legen und mit dem Nudelholz zu einem Quadrat ausrollen. Die beiden Teigplatten sollen sich dabei gut miteinander verbinden. Aus dem großen Quadrat vier kleine schneiden und jedes mit Eigelb bestreichen. Von jedem Quadrat ringsum einen dünnen Teigstreifen abschneiden und als Umrandung auf die Teigplatte legen – das verhindert, dass später der Belag herunterläuft. Den Apfel schälen, das Kerngehäuse mit einem Apfelausstecher entfernen und den Apfel in gleichmäßige Scheiben schneiden. Die Thymianblättchen abzupfen. Jeweils eine Apfelscheibe auf ein Teigquadrat legen und darauf eine Scheibe Ziegenkäse. Mit Honig beträufeln und die Thymianblättchen und Pinienkerne darüber streuen. Die Häppchen 15 Minuten backen, bis der Honig karamellisiert und die Teigränder goldbraun sind.

Thomas Vetterling liebt seinen Käse. Man spürt das, wenn er die Sorten detailliert und hingebungsvoll beschreibt. Er kennt die Landschaft, aus der der Käse stammt, er weiß, welche Kräuter die Milchkühe gefressen haben und wie die Rinde behandelt wurde, und er sagt Ihnen, welche Sorten am besten Ihr Menü beschließen. Seine Auswahl an Ziegenkäse ist phänomenal und dementsprechend auch Mittelpunkt seiner Rezept-Tipps.

Birnen mit Blauschimmelkäse und Speck

Für vier Personen:

4 nicht zu weiche Birnen

400 g Blauer (Tiroler Blauschimmelkäse)

16 Scheiben Tiroler
Schinkenspeck, dünn
geschnitten

2 Esslöffel Zucker

1 Teelöffel Zimt

Die Birnen schälen, halbieren und das Kerngehäuse herausschneiden. In einem Topf Wasser mit Zucker und Zimt aufkochen,
die Birnenhälften hineinlegen und circa 10 Minuten sanft köcheln
lassen. Die Birnen sollen noch bissfest sein.

Den Backofen auf 200 Grad vorheizen. Den Blauschimmelkäse mit einer Gabel zerdrücken. Die Birnen mit dem Käse füllen
und jede Hälfte mit zwei Scheiben Schinkenspeck umwickeln.
Die Birnenpakete unter dem Grill des heißen Backofens so lange
backen, bis der Schinkenspeck knusprig und der Käse geschmolzen ist.

Dieses Rezept stammt vom Tiroler Bauernstandl. Ein weiteres Tiroler Rezept, die „Tiroler Grau-
käseknödel", finden Sie auf Seite 99.

Thunfischtatar

Für vier Personen:

2 Teelöffel helle Sesamsaat

3–4 Korianderzweige (wer
Koriander nicht mag, kann
ihn durch Dill ersetzen)

300 g allerbester Thunfisch

1 Esslöffel Limettensaft

2 Esslöffel helle milde Sojasauce

1 Teelöffel Sesamöl

1 Messerspitze Cayenne-
pfeffer

1/4 Teelöffel Wasabi

Sesam in wenig Öl rösten. Den Koriander abzupfen und grob
hacken. Den Thunfisch sehr fein würfeln. Aus Limettensaft, Sojasauce, Sesamöl, Cayennepfeffer und Wasabi eine Sauce rühren
und die Thunfischwürfel vorsichtig unterheben. 5 Minuten ziehen
lassen, den Koriander unterheben und nochmals abschmecken.
Leicht gekühlt, aber nicht eiskalt, mit dem Sesam bestreut servieren.

Die Schärfe des Wasabi, dem grünen, asiatischen Meerrettich – der botanisch gesehen nicht
mit unserem Meerrettich verwandt ist –, kontrastiert wunderbar mit dem milden, fetthaltigen
Thunfisch. Wasabi gibt es als Pulver oder Paste. Beide sind höllisch scharf, also vorsichtig
dosieren!

Brandade: Klippfischpüree auf geröstetem Weißbrot

Klippfisch ist gesalzener und anschließend getrockneter Kabeljau. Sein Verwandter, der Stock-fisch, wird nicht gesalzen, sondern nur an der Luft getrocknet. Während das Fleisch beim Stockfisch trocken und knüppelhart wird, bleibt es beim Klippfisch wasserhaltiger, wird aber trotzdem fest. Sie können für dieses Rezept auch Stockfisch verwenden, er ist allerdings viel seltener auf dem Markt zu finden. Das Fleisch von beiden Arten muss weiß bis hellgelb sein.

Zutaten für 12 Brotscheiben:

1 kg Stockfischfilets, schön weiß und fleischig

0,5 l Milch

0,2 l Olivenöl

Saft von 1 Zitrone

Muskat, Pfeffer, Salz

2 Kartoffeln

Die Klippfischfilets kalt abspülen und, um sie zu entsalzen, mindestens 24 Stunden in kaltem Wasser wässern, das Wasser mehrmals wechseln. Jedes Filet anschließend in vier Stücke schneiden. In einen Topf legen und die Milch dazugeben. Die Filets müssen gut bedeckt sein. Die Milch zum Kochen bringen, die Hitze reduzieren und den Fisch 20 Minuten ziehen lassen.

Inzwischen die beiden Kartoffeln in Salzwasser garen. Den Fisch mit einem Schaumlöffel herausheben, die Milch aufbewahren. Haut und Gräten vom leicht abgekühlten Fisch entfernen. Das Fischfleisch mit den Fingern zerpflücken und darauf achten, dass alle Gräten entfernt sind. Das Öl erhitzen und die Fisch-stücke nach und nach kräftig einrühren, bis eine glatte Masse entsteht. Nun bei niedriger Temperatur die Milch langsam dazu-geben, immer so lange warten, bis die Milch vollständig vom Fischpüree aufgenommen ist. Kurz unter dem Siedepunkt arbei-ten, die Masse darf nicht kochen. Die ganze Prozedur dauert ungefähr 15 Minuten. Das Püree in eine Schüssel geben und mit Salz, Pfeffer, Zitronensaft und geriebenem Muskat abschmeck-en. Die beiden gekochten Kartoffeln schälen, durch die Kartoffelpres-se drücken und unter das Püree mischen. Die Brandade auf geröstetem Brot servieren.

In Italien heißt der Klippfisch Baccalà, er wird ähnlich zubereitet wie die Brandade und auf einer gegrillten Polentaschnitte serviert.

Marinierte Sardinen mit Orangen, Tomaten und Oliven

Für vier Personen:

600 g frische, möglichst kleine Sardinen

Salz, Pfeffer

2 Orangen

2 aromatische Tomaten

2 Knoblauchzehen

3 Stängel Thymian

6 Esslöffel Olivenöl

1 Lorbeerblatt

2 Teelöffel Fenchelsamen

2 Esslöffel kleine, schwarze Oliven

1 Esslöffel Weißweinessig

Die Fische am Bauch aufschneiden, ausnehmen und den Kopf abschneiden. Aufklappen, die Mittelgräte vorsichtig lösen und herausnehmen. Die Sardinen unter fließendem Wasser waschen, dabei auch die Schuppen abspülen. Die Fische trocken tupfen und mit Salz und Pfeffer würzen.

Die Schale von 1 Orange fein reiben. Beide Orangen schälen, dabei die weiße Haut komplett entfernen. Die Fruchtfilets aus den Trennwänden schneiden, den dabei austretenden Saft auffangen. Die Orangenreste ausdrücken und den Saft ebenfalls auffangen. Die Tomaten häuten, entkernen und in kleine Würfel schneiden. Den Knoblauch schälen und in feine Stifte schneiden. Die Thymianblättchen abzupfen, die Oliven in Streifen vom Stein schneiden. In einer großen Pfanne 3 Esslöffel Öl erhitzen. Die Sardinen portionsweise bei mittlerer Hitze knapp 1 Minute pro Seite braten, aus der Pfanne nehmen und auf eine große Platte legen. Die Pfanne auswischen und das übrige Öl erhitzen. Lorbeerblatt und Fenchelsamen darin schwenken, Thymian, Knoblauch und Oliven kurz mitbraten. Die Orangenfilets, den Orangensaft und die Tomaten zugeben und warm werden lassen. Mit dem Essig, Salz, Pfeffer und der Orangenschale würzen. Die Sauce über den Sardinen verteilen und mindestens eine halbe Stunde marinieren lassen.

Sardinen sind praktisch weltweit in allen Meeren zu finden. Für den europäischen Fischmarkt sind vor allem die Bestände im Nordostatlantik und Mittelmeer von großer Bedeutung. Sie werden das ganze Jahr über gefangen und sind deshalb auch durchgehend in guter Qualität zu bekommen. Sardinen haben einen äußerst würzigen, kräftigen Geschmack.

Kalter Kalbsrücken mit Olivenölmayonnaise

Für vier Personen:

300 g Kalbsrücken

Olivenöl

1 Bund Rucola

1 Hand voll schwarze Oliven

Für die Olivenöl-Mayonnaise:

1 Teelöffel kleine Kapern

50 g schwarze Oliven

2 in Öl eingelegte Sardellen

2 Eigelb

1 Teelöffel Dijon-Senf

1/4 l sehr gutes Olivenöl

Salz, schwarzer Pfeffer

etwas Zitronensaft

Achtung: Für die Mayonnaise müssen alle Zutaten zimmerwarm sein.

Kapern und Oliven hacken, die Sardellen abtupfen und mit einer Gabel zerdrücken. Den Senf und die Kapern mit den Eigelben verrühren. Das Öl in dünnem Faden dazugießen, bis die Mayonnaise fest wird. Mit Pfeffer, Salz und etwas Zitronensaft abschmecken, Sardellen und Oliven unterziehen.

Den Backofen auf 180 Grad vorheizen. Den Kalbsrücken in einer Pfanne in Olivenöl rundum anbraten und bei 180 Grad 15 Minuten in den Ofen schieben. Danach in Alufolie wickeln und abkühlen lassen, so zieht das Fleisch gleichmäßig rosa durch. Den abgekühlten Braten mit einem scharfen Messer in dünne Scheiben schneiden. Den Rucola grob zerrupfen, die schwarzen Oliven in Streifchen vom Stein schneiden. Die Olivenölmayonnaise gleichmäßig auf vier Teller streichen und die Kalbsrückenscheiben fächerförmig darauf legen. Oliven und Rucola darüber verteilen und mit einem Faden Olivenöl beträufeln. Das Rezept ist eine schöne Alternative zu Vitello tonnato.

Kommt man vom Liebfrauenberg in die Kleinmarkthalle, landet man fast in den Salatköpfen der Familie Frieser. Seit 45 Jahren sind Roswitha und Manfred Frieser das Empfangskomitee am westlichen Eingang. Dank ihrer originellen Streitkultur und ihrer unverblümten Sprache sind sie stadtbekannt. Für den charmanten Part sind Tochter Michaela Frieser und Jasmin zuständig.

Am Frieserstand gibt es nicht nur die Produkte, die gerade trendy sind, sondern auch alte, fast vergessene Gemüse- und Salatsorten: weiße Rüben und gelbe Kohlrüben, Pastinaken, Topinambur, Schwarzwurzeln und eine immense Auswahl an Kartoffeln. Heimische Produkte, die gerade Saison haben, mögen die Friesers lieber als die vielzitierten Erdbeeren im Dezember, und so gibt es immer einen inspirierenden jahreszeitlichen Tipp.

Im April und Mai empfehlen sie Lattich aus Oberrad, der zu den so genannten Pflücksalaten gehört, weil er keinen festen Kopf bildet. Er schmeckt köstlich mit kleingeschnittenem Borretsch in einer Sauce aus süßer und saurer Sahne, etwas Zitronensaft und Rapsöl. Der Schnabelsalat oder „Schnawwelsalat", wie er bei Friesers genannt wird, ist ebenfalls ein Frühlings- und Sommersalat. Seinen Namen verdankt er den spitz zulaufenden Blättern, die an einen Schnabel erinnern. Auch er ist ein Oberräder Gewächs und schmeckt wie eine Kreuzung aus Eichblatt und Romana; die Friesers empfehlen dazu eine Vinaigrette mit Nussöl. Nur im Sommer gibt es die fast grünen Tomaten aus Sardinien, die wunderbar aromatisch sind, ein klein wenig säuerlich, und roh im Salat gegessen werden sollen. Im Winter muss es natürlich Feldsalat sein. Am besten sind die kleinen Büschel, die mit Sherryessig, Walnussöl, ein paar gehackten Walnusskernen und geraspeltem Parmesan einen perfekten Wintersalat abgeben. Portulak, Herr Frieser nennt ihn „essbares Unkraut", gibt es aus Sommer- und aus Winterernte. Seine fleischigen Blätter und Stängel sind leicht salzig. Am besten schmeckt er gemischt mit Kresse oder Rucola, angemacht mit einer Sauce aus Weißweinessig, scharfem Senf und Olivenöl. Angeblich mögen manche statt Senf lieber einen Schuss Ketchup.

Wenn ihre zeitaufwändige Arbeit in der Kleinmarkthalle es zulässt, probiert Michaela Frieser gerne neue Gerichte aus und ist – wie ihre Salatrezepte zeigen – dabei durchaus experimentierfreudig.

Michaelas Friséesalat mit Pancetta und gebratenen Wachteleiern

Für vier Personen:

1 Kopf Frisée
12 Datteltomaten
100 g Pancetta, in Scheiben geschnitten
8 Wachteleier
2 Esslöffel Walnussöl
2 Esslöffel Olivenöl
2 Esslöffel Weißweinessig
1 Teelöffel Dijonsenf
Salz und Pfeffer

Den Frisée putzen, waschen und trocken schleudern. Aus dem Essig, den beiden Ölsorten, Senf, Salz und Pfeffer eine sämige Vinaigrette rühren. Die Datteltomaten halbieren. Die Pancetta-scheiben in Streifen schneiden und in 1 Teelöffel Olivenöl auslassen, herausnehmen. Die Tomaten im Specköl sanft erhitzen und herausnehmen. In derselben Pfanne die Wachtelspiegeleier braten. Die Friséeblätter auf Tellern anrichten, die Tomaten und den Speck darauf platzieren und mit der Vinaigrette beträufeln. Gekrönt wird das Ganze mit den Wachtelspiegeleiern.

Michaelas fruchtiger Sommersalat mit Madeira und Himbeeressig

Für vier Personen:

1 Galliamelone
1 Salatgurke
1 Radicchio
6 Esslöffel Olivenöl
1 Spritzer Madeira
3 Esslöffel Himbeeressig
Salz, Pfeffer

Die Galliamelone schälen, die Kerne entfernen und das Fruchtfleisch in mundgerechte Stücke schneiden. Eine Salatgurke schälen, der Länge nach vierteln, die Kerne herausschaben und ebenfalls in mundgerechte Stücke schneiden. Einen Radicchio zerpflücken, waschen und trocken schleudern. Aus dem Olivenöl, einem Spritzer Madeira, dem Himbeeressig, Salz und Pfeffer eine Vinaigrette rühren. Melone, Gurke und Radicchio auf Tellern anrichten und mit der Vinaigrette beträufeln.

Michaelas Grapefruit-Tomaten-Salat
mit Vanille-Limetten-Vinaigrette

Für vier Personen:

3 unbehandelte Limetten

1 Vanilleschote

3 Esslöffel Zucker

5 Esslöffel Olivenöl

Salz, Pfeffer

1 rote Zwiebel

2 rosa Grapefruits

5 schöne, reife Tomaten

1 Bund frischer Koriander

Die Schale der Limetten abreiben, den Saft auspressen. Die Vanilleschote längs halbieren, das Mark herauskratzen und die Schote in Stücke schneiden. Den Limettensaft und die Schale mit Zucker, Vanillemark und den Schotenstücken bei mittlerer Hitze 4 Minuten köcheln. Die Schotenstücke aus dem entstandenen Sirup herausfischen, mit dem Olivenöl verquirlen und mit Salz und Pfeffer abschmecken.

Die Zwiebel schälen und in Streifen schneiden. Die Grapefruits schälen, dabei auch die weiße Haut entfernen. Die Grapefruits und die gewaschenen Tomaten in dünne Scheiben schneiden und quer halbieren. Zusammen mit den Zwiebelstreifen in eine Schüssel geben. Den Koriander waschen und trocken schütteln, die Blätter abzupfen, grob hacken und dazu geben. Mit der Vanille-Limetten-Vinaigrette begießen und vorsichtig mischen.

Der Salat passt wunderbar zu gebratener Hühnerbrust oder gebratenen Fischfilets.

Sizilianischer Fenchel-Orangen-Salat
von Nella Masi

Für vier Personen:

1 Fenchelknolle

2 saftige Orangen

1 Esslöffel Zitronensaft oder Weißweinessig

4 Esslöffel Olivenöl

Salz, Pfeffer

Die Orange so dick schälen, dass auch die weiße Haut entfernt ist, den Saft auffangen. Die Früchte in 1/2 cm dicke Scheiben schneiden und auf eine Platte legen.

Den Fenchel putzen, die äußeren zwei Blätter entfernen, das zarte Fenchelgrün aufbewahren. Den Fenchel halbieren und den Strunk herausschneiden. Die Fenchelhälften in feine Scheiben schneiden und auf den Orangenscheiben verteilen. Den aufgefangenen Orangensaft mit Zitronensaft oder Essig, Olivenöl, Salz und Pfeffer verrühren. Die Sauce über den Salat gießen, mit grob gemahlenem oder grob gemörsertem Pfeffer bestreuen und mit dem Fenchelgrün garnieren. Wer mag kann klein geschnittene schwarze Oliven untermischen.

Eine köstliche Alternative zu Navel- oder Jaffaorangen sind Blutorangen. Sie sind intensiver im Geschmack, ein wenig säuerlicher und sehen bildschön aus.

Rote-Beten-Salat mit Minze und Feta

Für vier Personen:

6 mittelgroße Rote Beten oder 8 kleine

3 Esslöffel Balsamico

schwarzer Pfeffer

2 Esslöffel grobkörniger Senf

1 Bund frische Minze

150 g Salat z. B. Rote-Beten-Blätter, Feldsalat, Rucola

200 g milder, cremiger Schafskäse

5 Esslöffel Olivenöl

Salz

Die Rote Beten waschen und in reichlich kochendem Wasser garen. Das dauert bei kleinen Exemplaren 25 bis 35 Minuten, bei größeren Knollen etwa 45 Minuten. Mit einem spitzen Messer hineinpiksen, wenn es leicht hineingleitet, sind sie gar. Abgießen, etwas abkühlen lassen und dann schälen. Die Knollen achteln und mit Balsamico, Senf und dem grob gemahlenen oder gemörserten Pfeffer vermischen. Etwa 1 Stunde ziehen lassen.

Die Minze abzupfen, waschen und in Streifen schneiden. Den Salat ebenfalls waschen, trocken schleudern und in mundgerechte Stücke zupfen. Den Schafskäse zerkrümeln und mit der Minze, dem Salat und dem Olivenöl vermischen, mit Salz abschmecken. Den Salat auf einer großen Platte anrichten und die marinierten Rote Bete darauf verteilen.

Wenn Sie die Wahl haben, nehmen Sie lieber kleine Rote Beten. Sie sind zart und süß, große Exemplare können manchmal holzig sein.

Panzanella mit Spargel, Tomaten und Basilikum

Für vier Personen:

300 g rustikales Weißbrot vom Vortag

1,2 kg weißer Spargel

4 aromatische Fleisch- tomaten

2 Stangen Sellerie

1 Bund Basilikum

100 g Parmesan

2 Frühlingszwiebeln

2 Esslöffel Pinienkerne

2 Esslöffel Olivenöl

1 Prise Zucker

2 Knoblauchzehen

1 Zitrone

Pfeffer und Salz

Den Spargel schälen, in Salzwasser mit einer Prise Zucker etwa 15 Minuten kochen, abtropfen lassen und in zwei Zenti- meter dicke Scheiben schneiden. Die Tomaten häuten, vierteln und die Kerne entfernen. Den Bleichsellerie und die Frühlings- zwiebeln in dünne Scheiben schneiden, die Basilikumblätter grob zerrupfen. Die Pinienkerne in einer Pfanne ohne Öl gold- braun rösten und in eine Schüssel geben. Olivenöl, Zucker und Zitronensaft dazugeben und gut verrühren. Spargel, Tomaten, Sellerie und Frühlingszwiebeln unterheben und mit Salz und Pfeffer abschmecken. Das Brot in 1 cm große Würfel schneiden und mit den angequetschten Knoblauchzehen in Olivenöl an- rösten, salzen und pfeffern. Die Brotwürfel erst direkt vor dem Servieren unter den Salat mischen, sonst werden sie weich und labbrig, den Parmesankäse darüber hobeln.

Der toskanische Brotsalat Panzanella ist ein ehemaliges Arme-Leute-Essen, das mit übrig gebliebenem Brot, ein paar Tomaten, Paprikaschoten und Olivenöl zubereitet wurde. Die Version mit Spargel ist zwar nicht klassisch, aber lecker. Wenn die Spargelzeit vorbei ist, können Sie den Salat mit gerösteten, gehäuteten Paprikaschoten, Sardellenfilets und Kapern zubereiten.

Salade Niçoise

Für den Nizza-Salat gibt es mindestens so viele Rezepte, wie es Familien an der französischen Riviera gibt. Jede Hausfrau und jeder Koch wird bestimmte Zutaten als „gesetzt" ansehen und andere ablehnen. Dennoch gibt es einige Grundzutaten, ohne die ein Nizza-Salat nicht auskommt, der Rest ist Geschmackssache. Wichtig ist es, wirklich gute Zutaten zu nehmen, also aromatische Tomaten, gute festkochende Kartoffeln und erstklassigen, in Olivenöl eingelegten Thunfisch.

Für sechs Personen:

400 g Salatkartoffeln: Sieglinde, La Ratte oder Bamberger Hörnchen

250 g sehr dünne grüne Bohnen

2 große Fleischtomaten

je 1 große grüne, rote und gelbe Paprikaschote

1 Staudensellerie

Salz

4 hart gekochte Eier

1 großer Kopfsalat

1 Bund Basilikum

12 Sardellenfilets in Olivenöl eingelegt

300–400 g Thunfisch in Olivenöl eingelegt

100 g kleine schwarze Oliven in Öl (am besten aus Nizza oder Ligurien)

Für die Vinaigrette:

2 Esslöffel scharfer Dijonsenf

Salz, Pfeffer

4 Esslöffel kräftiger Rotweinessig

1/8 l Olivenöl

Die Kartoffeln ungeschält in Salzwasser etwa 20 Minuten kochen, abgießen und abkühlen lassen. Die Bohnen putzen und in sprudelnd kochendem Salzwasser in circa 4 Minuten – sofern sie wirklich sehr dünn sind, ansonsten ein paar Minuten länger – knackig garen. Sofort eiskalt abschrecken, damit sie ihre schöne grüne Farbe behalten und nicht mehr nachgaren.

In der Zwischenzeit die Tomaten häuten, achteln und entkernen. Die Paprikaschoten in Ringe schneiden, dabei die Kerne und weißen Rippen entfernen. Die Selleriestangen in dünne Scheiben schneiden, das Grün zerzupfen. Die lauwarmen Kartoffeln pellen und in Scheiben schneiden. Die Eier schälen und vierteln. Den Salat zerpflücken, waschen und trocken schleudern. Die Basilikumblätter abzupfen.

Alle vorbereiteten Zutaten gut vermischt in eine große, flache Schüssel geben. Die Sardellen abtropfen lassen, abtupfen und längs teilen. Den Thunfisch abtropfen lassen und grob zerpflücken. Die abgetropften Oliven und den Thunfisch auf dem Salat verteilen, darauf kommen die Sardellenstreifen und die Oliven. Mit den Basilikumblättern bestreuen und mit den Eivierteln umlegen.

Senf, Salz und Pfeffer mit dem Essig verrühren, das Öl langsam einfließen lassen und sämig aufschlagen. Die Vinaigrette erst unmittelbar vor dem Servieren über den Salat gießen.

Ein Öl aus der Provence wäre ideal für die Vinaigrette, ist aber kein Muss. Es sollte auf jeden Fall schön fruchtig sein.

Kartoffelsalat mit Petersilienpesto

Für vier Personen:

Petersilienpesto:

1 Bund glatte Petersilie

2 Knoblauchzehen

30 g Pinienkerne

50 g geriebener Parmesan

60 ml Olivenöl

1/2 Zitrone

Salz, Pfeffer

Kartoffelsalat:

1 kg festkochende Kartoffeln

80 g Speck, fein gewürfelt

2 Schalotten

50 ml weißer Balsamico

50 ml Gemüsebrühe

80 ml Raps- oder Trauben-
kernöl

Salz, Pfeffer

1 Esslöffel gehackte
Petersilie

4 Esslöffel Kürbiskernöl

Für das Pesto die Petersilienblätter abzupfen, den Knoblauch schälen und grob hacken, die Pinienkerne in einer Pfanne ohne Fett rösten. Diese Zutaten mit dem Parmesan, Olivenöl und Zitronensaft im Mixer fein pürieren und mit Salz und Pfeffer abschmecken.

Für den Kartoffelsalat die Kartoffeln in Salzwasser garen. Abschütten, noch warm schälen und in dünne Scheiben schneiden. Den Speck fein würfeln und in etwas Öl kross anbraten. Die Schalotten fein würfeln und kurz mitbraten. Mit dem Balsamico ablöschen und mit der Brühe aufgießen, einmal aufkochen lassen und vom Feuer nehmen. Das Öl unter ständigem Rühren untermischen und mit Salz und Pfeffer abschmecken. Die Sauce über die Kartoffeln gießen, die fein geschnittene Petersilie dazugeben und alles vorsichtig mischen. Den Kartoffelsalat auf 4 Teller verteilen, jede Portion mit etwas Kürbiskernöl und dem Petersilienpesto beträufeln.

Der Geschmack und die Klasse von Kartoffelsalat hängt entscheidend von der Qualität der Kartoffeln ab. Nehmen Sie also unbedingt eine gute, festkochende Sorte wie Sieglinde, La Ratte oder Bamberger Hörnchen.

Die besten Linsen sind die umbrischen, findet Cica Ristic vom Gewürz- und Kräuterstand Karl Müller in der Mitte der Kleinmarkthalle. Die kleinen, am Strauch getrockneten Berglinsen haben eine besonders dünne und zarte Schale und müssen daher nicht wie andere Linsensorten vor dem Kochen eingeweicht werden. Mit ihrem feinen, leicht nussigen Geschmack sind sie ideal für warme und kalte Salate und harmonieren gut mit dem kräftigen umbrischen Olivenöl, aber auch, wie nachfolgendes Rezept zeigt, mit Kürbiskernöl.

Delikat sind auch die winzig kleinen, pechschwarzen Belugalinsen aus Italien, die Tellerlinsen in Bioqualität aus Kanada, die knallig orangefarbenen aus Indien, die kräftig gelben aus der Türkei oder die hellbraunen Puylinsen aus Frankreich. Welche Sorte man wählt, hängt davon ab, was man kochen will. Aber da beraten Cica Ristic und ihre freundlichen Kolleginnen gerne und kenntnisreich.

Gleiches trifft für die getrockneten Bohnen, die Reissorten, Nüsse, Öle, Senf- und Essigarten und die Pfeffersorten zu. Unter mindestens 20 Varianten können Sie wählen: vom selbstgemischten Pariser Pfeffer bis zum raren tasmanischen Pfeffer, der blau-violett schimmert, wenn er ans Essen kommt, finden Sie alles, was Ihrem Essen Aroma gibt.

Salat aus umbrischen Berglinsen mit Balsamico, Kürbiskernöl und gebratenen Jakobsmuscheln

Für vier Personen:

150 g umbrische Berglinsen

1 Schalotte

2 Gewürznelken

1 Knoblauchzehe

1 Lorbeerblatt

2 Thymianzweige

6 Stängel glatte Petersilie

1 kleine Karotte

1 Stückchen Sellerie

1 kleine Stange Lauch

2 Frühlingszwiebeln

2 Teelöffel Butter

40 g Frühstücksspeck

2 Esslöffel Aceto Balsamico Tradizionale

4 Esslöffel feinstes Kürbiskernöl

Salz, Pfeffer

8–12 Jakobsmuscheln (je nach Geldbeutel)

Salz, Pfeffer, Zucker

Butter oder Olivenöl zum Braten

Die Linsen mit kaltem Wasser abspülen. Die Schalotte schälen und mit den Nelken spicken. Zusammen mit den Linsen, den Thymianzweigen, den Petersilienstielen – die Blätter für später abzupfen und fein schneiden –, der ungeschälten Knoblauchzehe und dem Lorbeerblatt in 800 ml leicht gesalzenem Wasser nicht zu lange kochen, etwa 20 Minuten; die Linsen sollten noch etwas Biss haben. Abschütten und die Gewürze entfernen.

In der Zwischenzeit das Weiße der Frühlingszwiebeln in dünne Ringe schneiden, Karotte, Sellerie und Lauch fein würfeln. Zuerst den Lauch in kochendem Salzwasser blanchieren, mit einem Schaumlöffel herausnehmen und abtropfen lassen. In demselben Wasser Sellerie- und Karottenwürfel bissfest garen und ebenfalls gut abtropfen lassen.

Den Frühstücksspeck fein würfeln und in einer Pfanne knusprig braten. 1 Teelöffel Butter, die Gemüsewürfel und die Frühlingszwiebeln zufügen. Alles kurz schwenken und unter die noch lauwarmen Linsen mischen. Die Linsen mit Salz und Pfeffer würzen, den Balsamico und das Kürbiskernöl unterrühren und mit den fein geschnittenen Petersilienblättchen bestreuen.

Das ausgelöste Jakobsmuschelfleisch eventuell horizontal durchschneiden, vorsichtig salzen, mit frisch gemahlenem weißem Pfeffer würzen und mit einer Spur Zucker bestreuen. In Butter oder Olivenöl bei mittlerer Hitze auf jeder Seite 1 Minute braten und zum Linsensalat servieren.

Bulgur ist geschroteter Weizen mit einem intensiv nussigen Geschmack. An seiner Stelle können Sie auch den feineren Weizengrieß Couscous verwenden. Wir bevorzugen den grobkörnigen Bulgur für das Tabouleh, er hat mehr Biss und ist aromatischer.

Tabouleh

Für vier Personen:

250 g Bulgur

etwa 3/4 l Gemüsebrühe

6 reife Strauchtomaten

1 Salatgurke

6 Frühlingszwiebeln

1 Bund Minze

4 Bund glatte Petersilie

Saft von 2 Zitronen

6 Esslöffel Olivenöl

2 Teelöffel Kreuzkümmel

Salz, Pfeffer

Die Gemüsebrühe aufkochen, den Bulgur in einer Schüssel damit übergießen und etwa 20 Minuten quellen lassen, bis er weich, aber noch bissfest ist. Den Bulgur in ein Sieb abgießen und abtropfen lassen. Auf ein Küchentuch ausbreiten und noch etwas abtrocknen lassen.

Die Tomaten würfeln. Die Gurke längs vierteln, die Kerne herauskratzen und das Gurkenfleisch würfeln. Die Frühlingszwiebeln putzen und in feine Ringe schneiden. Die Petersilien- und Minzeblättchen abzupfen und grob schneiden.

Den Bulgur mit dem Gemüse und den Kräutern mischen. Kurz vor dem Servieren mit Zitronensaft, Olivenöl, Salz, Pfeffer und Kreuzkümmel anmachen. Ganz stilecht wird Tabouleh auf Salat- oder Kohlblättern angerichtet, wer mag kann Oliven und Schafskäsewürfel dazu servieren.

Peter Nowaks oberhessischer Wurstsalat

Für vier Personen:

1 ahle Leberwurst

1 ahle Blutwurst

1 kleines Glas Cornichons

1 Bund Frühlingszwiebeln

1 weiße Zwiebel

2 Esslöffel Weißweinessig
oder 4 Esslöffel Apfelessig

4 Esslöffel Öl

2 Teelöffel Senf

Salz, Pfeffer

1 Stückchen frischer Meerrettich oder 2 Teelöffel
Meerettich aus dem Glas

Die Würste pellen. Beide Wurstsorten und die Cornichons in feine Scheibchen schneiden. Die Frühlingszwiebel in feine Ringe schneiden, die weiße Zwiebel sehr fein würfeln. Aus Essig, Öl, Senf, Salz, Pfeffer und zwei Esslöffeln Cornichon-Lake eine sämige Vinaigrette rühren. Alle Zutaten mit der Vinaigrette gründlich vermischen und den frischen Meerrettich darüber reiben. Herr Nowak empfiehlt dazu roh geröstete Bratkartoffeln, gewürzt mit frischem Majoran.

Ahle Wurst, je nach Region auch Ahle Wurscht, Ahle Worscht oder Ahle Worschd, ist eine nordhessische Spezialität, die auf die Hausschlachtungstradition zurückgeht. „Ahle" ist dabei der allen nordhessischen Dialekten gemeinsame Begriff für „alte" und bedeutet, dass es sich um eine lange gereifte Wurst handelt. Ahle Wurst wird aus Schweinefleisch gemacht und ganz langsam bei hoher Luftfeuchtigkeit luftgetrocknet. Sie ist sehr kräftig und würzig und auch nach vielen Monaten noch mürbe im Biss.

Salat aus getrockneten Bohnen und Thunfisch

Für vier Personen:

250 g getrocknete Bohnen

1 Thymianzweig

2 Salbeiblätter

2 Knoblauchzehen

300 g Kirschtomaten

1/2 Bund Frühlingszwiebeln

3 Stangen Staudensellerie

1 rote Chilischote

1 Bund Basilikum

1/2 Bund glatte Petersilie

400 g frisches Thunfischfilet

Schale von 1 Zitrone

2 Esslöffel milde Sojasauce

4 Esslöffel Zitronensaft

8 Esslöffel Olivenöl

Salz, schwarzer Pfeffer

etwas Zucker

Die getrockneten Bohnen über Nacht in kaltem Wasser einweichen, abgießen und abspülen. In reichlich kaltem Salzwasser mit Thymian, Salbei und den geschälten Knoblauchzehen in etwa 1 Stunde weich kochen. Abgießen und etwas von der Kochflüssigkeit aufbewahren.

In der Zwischenzeit das Gemüse vorbereiten. Die Tomaten waschen und vierteln. Die Frühlingszwiebeln putzen und mit dem Grün in schräge Stücke schneiden. Den Staudensellerie in feine Streifen schneiden. Die Chilischote aufschneiden, entkernen und in Streifen schneiden. Basilikum- und Petersilienblättchen abzupfen, waschen und grob schneiden.

Aus Zitronensaft, Olivenöl, Salz und Pfeffer eine Vinaigrette rühren und mit etwas Kochflüssigkeit verlängern. Die Tomaten, die Bohnen, den Sellerie und die Chilischote mit der Vinaigrette mischen und 10 Minuten ziehen lassen.

Den in etwa 2 cm kleine Stücke geschnittenen Thunfisch mit der Zitronenschale bestreuen und in Olivenöl rundum maximal 2 Minuten braten. Mit der Sojasauce ablöschen und aus der Pfanne nehmen. Die Frühlingszwiebel in derselben Pfanne mit etwas Öl und einer guten Prise Zucker kurz anbräunen.

Die Frühlingszwiebeln, das Basilikum und die Petersilie mit den Bohnen vermischen. Die Thunfischwürfel auf dem Salat verteilen und sofort servieren.

Gut geeignet sind die rundlichen weißen Haricots Coco, die blaßgrünen Flageolets aus Frankreich oder die nierenförmigen Cannellini aus der Toskana.

Eine alternative Garmethode für getrocknete Bohnen ist, sie ohne vorheriges Einweichen in kaltem Wasser aufzusetzen und sprudelnd aufkochen zu lassen. Danach werden sie abgegossen, kalt abgeschreckt, erneut in Wasser aufgesetzt, gesalzen und mit den Kräutern in einer guten Stunde weich gekocht. Mit jungen Bohnenkernen, die nicht seit Jahren lagern, funktioniert diese Methode sehr gut. Auf diese Weise gegarte Hülsenfrüchte sollen angeblich wesentlich leichter verdaulich sein.

Oktopus-Gemüsesalat

Für sechs bis acht Personen:

1 Oktopus von circa 1 kg
1 Zitrone
2 Gläser Weißwein
2 Lorbeerblätter
Salz
1 Teelöffel Pfefferkörner
1 rote Paprikaschote
3 Frühlingszwiebeln
3–4 Stängel Bleichsellerie
3–4 festkochende Kartoffeln
1 Bund glatte Petersilie
1 kleine Chilischote
schwarze Oliven
Pfeffer
1 Zitrone
8 Esslöffel Olivenöl

Den vom Fischhändler geputzten und gereinigten Oktopus unter fließendem Wasser gründlich spülen, dabei auch den Körpersack umstülpen und gut auswaschen. Einen Topf, der den Oktopus gerade eben bequem aufnehmen kann, mit Wasser und dem Weißwein aufsetzen. Lorbeerblätter, Pfefferkörner und die in Scheiben geschnittene Zitrone hinzufügen. Kräftig salzen. Sobald der Sud kocht den Oktopus hineingeben. Erneut zum Kochen bringen, dann die Hitze reduzieren. Der Oktopus darf nur leise ziehen, auf keinen Fall sprudelnd kochen, sonst wird er zäh. Nach 10 Minuten den Herd abschalten, den Oktopus in der nachlassenden Hitze langsam gar ziehen lassen, dabei einmal wenden. Der Oktopus ist gar, wenn er sich mit einem scharfen Messer an der Verbindung zwischen Körper und Tentakeln ohne Widerstand einpiksen lässt. Das dauert seine Zeit, 1 1/2 Stunden sollten Sie einplanen. Den Oktopus aus dem Sud heben und abkühlen lassen. Den Sud aufbewahren.

In der Zwischenzeit die Kartoffeln in der Schale kochen, abgießen, abkühlen lassen, schälen und grob würfeln. Die Paprikaschote halbieren, putzen und in Streifen schneiden. Das Weiße der Frühlingszwiebeln in nicht zu feine Ringe und die Selleriestangen in Scheibchen schneiden. Die Chilischote längs halbieren, die Kerne entfernen und die Schote in Streifen schneiden. Die Petersilie abzupfen und grob schneiden. Die Oliven entsteinen und in Streifen schneiden. Den abgekühlten Tintenfisch in etwa 1 cm dicke Scheiben schneiden. Alle Zutaten miteinander mischen.

Für die Marinade etwas Zitronenschale abreiben. Salz, Pfeffer, Zitronensaft und Zitronenschale mischen, das Öl und einige Esslöffel vom Kochsud unterrühren. Die Marinade über die Salatzutaten gießen und vorsichtig vermengen.

Ganz besonders raffiniert schmeckt der Oktopussalat mit Queller, der unter dem Namen Meeresalgen am Fischstand „Mare Blu" angeboten wird. Queller ist eine Salzpflanze, die an der französischen Atlantik- und an der Nordseeküste wächst. Man kann Queller in Butter gedünstet zu Fisch und Meeresfrüchten servieren, oder kurz in Salzwasser blanchiert als Salatzutat.

Mizunasalat mit gebratenem Thunfischfilet in Limonenkruste

Mizuna, auch bekannt als japanischer Salat, ist eigentlich eine Kohlsorte und gehört zu den Senf-blattgewächsen. Er wird roh gegesssen, schmeckt leicht nussig und ist ein klein wenig scharf. Am ehesten ist er mit Rucola zu vergleichen. Sie bekommen ihn bei Franz Olbrichs „Asiatischen und lateinamerikanischen Obst- und Gemüsespezialitäten" und bei Friesers. Er kann durch eine Mischung aus Rucola, Eichblattsalat und Rote-Beten-Blätter ersetzt werden.

Für vier Personen:

350 g Thunfischfilet

3 Limonen

1 Bund Dill

1/2 Bund glatte Petersilie

2 kleine rote Chilischoten

4 Esslöffel Olivenöl

Salz, Pfeffer

150 g Mizunasalat

8 Datteltomaten

Marinade:

2 Esslöffel milder Apfelessig

1 Esslöffel Balsamico

Salz, Pfeffer

1 Esslöffel Sojasauce

1 Esslöffel Sesamöl

2–3 Esslöffel Sonnen-blumenöl

Das Thunfischfilet von allen Häutchen befreien und in eine Scha-le legen. Die Schale einer Limone abreiben. 80 ml Limonensaft auspressen, den Dill und die Petersilie abzupfen und fein schnei-den. Die Chilischote längs halbieren, entkernen und fein hacken. Alle Zutaten mit 2 Esslöffeln Olivenöl, Salz und Pfeffer mischen und den Thunfisch damit begießen. Den Fisch abdecken und im Kühlschrank 30 Minuten marinieren lassen.

In der Zwischenzeit den Salat putzen und die Tomaten hal-bieren. Alle Zutaten für die Marinade gründlich verrühren, bis sie sämig wird. Den Salat und die Tomaten mit der Vinaigrette ver-mischen und auf 4 Teller verteilen.

Den Thunfisch aus der Marinade nehmen und trockentupfen. 2 Esslöffel Olivenöl in einer Pfanne erhitzen. Den Fisch bei star-ker Hitze auf jeder Seite 1 Minute braten. Aus der Pfanne neh-men und auf dem Salat verteilen.

Gemüsebrühe

Für 1 1/2 l Brühe:

1 große Zwiebel

4 Schalotten

200 g Champignons

2 Stangen Lauch

2 Karotten

2 Stangen Staudensellerie

1 Fenchelknolle

3 Esslöffel Olivenöl

2 l Wasser

2 Lorbeerblätter

1/2 Bund glatte Petersilie

3 Nelken

1 Esslöffel Meersalz

1 Esslöffel Pfefferkörner

Alle Gemüse schälen oder putzen und in grobe Stücke schneiden. Die Zwiebel- und Schalottenstücke in Olivenöl glasig dünsten. Das Gemüse dazugeben und mit dem Wasser auffüllen. Die Petersilie mit Küchengarn zusammenbinden und dazugeben, ebenso die Lorbeerblätter, die Nelken und das Salz. Einmal kräftig aufkochen, dann 40 Minuten bei sanfter Hitze köcheln lassen. In den letzten 20 Minuten die Pfefferkörner dazugeben. Die Brühe durch ein Sieb gießen, das Gemüse dabei leicht ausdrücken.

Diese Brühe ist die Basis für viele Gerichte wie Risotto, Gemüsesuppen etc. Sie können dafür auch Gemüsebrühe aus dem Glas nehmen, mit selbstgekochter schmecken die Gerichte allerdings um ein Vielfaches besser. Wenn Sie die Brühe einfrieren, haben Sie immer einen Vorrat parat.

Feine Suppe aus frischen Erbsen mit Croûtons

Für vier Personen:

1 kg frische, zarte Erbsen

4 kleine oder
2 große Scheiben Weißbrot

2 Estragonzweige

2 Schalotten

80 g Butter

1 l Gemüsebrühe

Zucker
8 Esslöffel Sahne oder
Crème fraîche

Salz, Cayennepfeffer

Die Erbsen palen. Das Weißbrot entrinden und in kleine Würfel schneiden. Die Estragonblättchen abzupfen und klein schneiden, die Schalotten fein würfeln. 60 g Butter in einer Pfanne erhitzen und die Brotwürfel darin goldgelb anrösten.

Die restliche Butter in einem Topf aufschäumen lassen und die Schalottenwürfel goldgelb braten. Die Erbsen zufügen und mit einer Spur Zucker überziehen; den Zucker unter Rühren schmelzen lassen. Mit so viel Gemüsebrühe auffüllen, dass die Erbsen eben bedeckt sind. Zugedeckt auf mäßiger Hitze etwa 20 Minuten köcheln lassen, bis sie weich sind. Die Erbsen anschließend im Mixer fein pürieren und durch ein Sieb streichen. Das Erbsenpüree in den Topf zurückgeben, restliche Brühe und die Sahne zufügen, kurz aufkochen und mit Salz und Cayennepfeffer würzen. Die Suppe mit den gerösteten Brotwürfeln und dem Estragon bestreut servieren.

Frische Erbsen gibt es nur kurze Zeit im Frühsommer, danach können Sie die Suppe auch mit tiefgefrorenen Erbsen zubereiten. Auch wenn immer wieder behauptet wird, der Geschmack von tiefgefrorenen Erbsen stünde dem von frischen nicht nach, stellen wir hiermit fest, dass das nicht wahr ist. Tiefgefrorene Erbsen sind nicht schlecht, frische das Nonplusultra. Und wenn es nur daran liegt, dass Erbsenpalen um ein Vielfaches sinnlicher ist, als eine Tiefkühlverpackung aufzureißen.

Karottensuppe mit Koriander, Mandeln und Kokoscreme

Für vier Personen:

1 kg Karotten

1 große Zwiebel

250 g Spinat

1 Bund Koriandergrün

1 l Gemüsebrühe, Instant oder nach Rezept auf Seite 67

50 g gemahlene Mandeln

25 g Kokoscreme

1 Limette

Salz, Pfeffer

Joghurt oder Crème fraîche

Die Karotten schälen und in 2 cm große Stücke schneiden, die Zwiebel grob zerteilen, die Limette auspressen. Den Spinat verlesen, waschen, abtropfen lassen und grob zerteilen. Die Blättchen des Koriander abzupfen. Karotten und Zwiebel in den Topf geben und so viel Brühe dazugeben, dass das Gemüse bedeckt ist. Zudecken und köcheln lassen, bis die Karotten weich sind.

Die Suppe durch ein Sieb gießen, die Brühe aufbewahren. Karotten- und Zwiebelstücke mit den gemahlenen Mandeln in der Küchenmaschine sämig mixen. Das Ganze wieder zurück in den Topf geben. Brühe, Kokoscreme und den Saft der Limette unterrühren. Die Suppe aufkochen, den Spinat hineingeben und aufwallen lassen, bis er zusammengefallen ist.

Die Suppe abschmecken, wenn sie zu dickflüssig ist, noch etwas Brühe dazugeben. Die Suppe in Teller schöpfen, auf jeden Teller einige Löffel Crème fraîche oder Joghurt geben, mit Koriandergrün bestreuen und mit schwarzem Pfeffer würzen.

Kokoscreme wird aus dem Fruchtfleisch frischer Kokosnüsse gewonnen. Sie ist sehr fett- und proteinhaltig, hat eine dicke, fast streichfähige Konsistenz und einen intensiven Kokosgeschmack. Die häufiger benutzte Kokosmilch wird aus dem Fruchtfleisch der Kokosnuss hergestellt, nachdem die Kokoscreme herausgepresst wurde. Beide Kokosextrakte halten sich nicht lange, Reste lassen sich jedoch problemlos einfrieren.

Borschtsch

Zutaten für sechs Personen:

1 kg nicht zu mageres Rindfleisch zum Kochen, zum Beispiel Brustkern

1 großer Bund Suppengrün

2 Zwiebeln

Salz

1/2 Teelöffel Pfefferkörner

1 Lorbeerblatt

800 g Rote Beten

2 weiße Zwiebeln

2 Karotten

1 kleiner Weißkohl

5 Kartoffeln

2 Wacholderbeeren

6 Pimentkörner

1 Gewürznelke

1 Teelöffel Kümmel

1/2 Teelöffel Pfefferkörner

1/2 Teelöffel Salz

1/2 Teelöffel Essig

1/2 l saure Sahne

1 Bund Dill

Das Fleisch am besten schon am Vortag mit dem grob gewürfelten Suppengemüse, den geachtelten Zwiebeln, Salz, Pfefferkörnern, Lorbeerblatt und so viel Wasser, dass alles gerade eben bedeckt ist, aufsetzen. Das Wasser langsam zum Kochen bringen und danach auf kleiner Flamme etwa 1 1/2 Stunden sanft köcheln, bis das Fleisch weich ist. Die Brühe durch ein Sieb gießen und abkühlen lassen. Das Fleisch in der Brühe aufbewahren, damit es schön saftig bleibt.

Die Rote Bete schälen, vierteln und in Scheibchen schneiden. Zwiebeln und Karotten schälen, die Zwiebeln in Ringe und die Karotten in Scheiben schneiden. Den Weißkohl vierteln, den Strunk entfernen und die Viertel in feine Streifen schneiden. Die Kartoffel schälen und würfeln.

Von der kalten Brühe das oben schwimmende Fett abheben und in einem großen Topf erhitzen. Zwiebeln, Rote Bete, Karotten und den Weißkohl darin andünsten. Danach die gewürfelten Kartoffeln dazugeben.

Piment, Wacholder, Nelke, Kümmel und Pfefferkörner in einer trockenen Pfanne rösten, bis sie intensiv duften. Die Gewürze mit dem Salz im Mörser zerstoßen und zum Gemüse in den Topf geben. Mit der Fleischbrühe auffüllen, und knapp eine Stunde leise köcheln, bis das Gemüse gar ist. In der Zwischenzeit das Rindfleisch in kleine Würfel schneiden und den Dill abzupfen. Die Suppe zum Schluss mit Essig kräftig abschmecken, das Rindfleisch in der Suppe erwärmen. Mit der sauren Sahne und den Dillblättchen servieren.

Borschtsch kann heiß und kalt gegessen werden. Aus uns unbekanntem Grund schlucken gekühlte Suppen die Gewürze und schmecken oft fade, obwohl sie in heißem Zustand genau richtig abgeschmeckt waren. Kalte Suppen vor dem Servieren also noch einmal probieren und gegebenenfalls nachwürzen.

Brunnenkressesuppe mit Lachsfilet

Für vier Personen:

100 g Frühlingszwiebeln

1 Knoblauchzehe

1 Handvoll Spinatblätter

1 Bund Brunnenkresse, etwa 2 Handvoll Blätter

50 g Butter

700 ml Gemüsebrühe, Instant oder nach Rezept auf Seite 67

150 g Crème fraîche

Salz, Pfeffer, Muskatnuss

1 Zitrone

200 g Lachsfilet

Die Frühlingszwiebeln putzen, das Weiße in Ringe schneiden. Die Knoblauchzehe hacken. Spinat und Brunnenkresse verlesen, waschen und trocken schleudern. 50 g Butter in einem Topf schmelzen. Die Frühlingszwiebeln andünsten, den Knoblauch zugeben und glasig dünsten, dann die Brühe zugießen und aufkochen lassen.

Den Spinat und die Brunnenkresse in die Küchenmaschine geben. Die Brühe dazugießen, alles fein pürieren, die Crème fraîche hineingeben und noch einmal kurz aufmixen. Die Suppe zurück in den Topf gießen. Mit Salz, Pfeffer, Muskat und 1 Spritzer Zitronensaft abschmecken. Die Suppe wieder erhitzen, aber nicht mehr kochen lassen. Das Lachsfilet enthäuten und in kleine Würfel schneiden. Die Lachswürfel auf 4 Teller verteilen und mit der heiße Suppe übergießen. Die Temperatur der Brühe reicht aus, um den Lachs zu garen.

Brunnenkresse schmeckt scharf-würzig, fast senfähnlich und ist wesentlich aromatischer als die viel mildere Gartenkresse.

Lauch-Kartoffel-Suppe

Für vier Personen:

4 mittelgroße festkochende Kartoffeln

2 Stangen Lauch

1 l Hühner- oder Gemüsebrühe, Instant oder nach Rezept auf Seite 67

1 Esslöffel Butter

1 Esslöffel Olivenöl

3 große aromatische Fleischtomaten

Salz, schwarzer Pfeffer

Faiselle

Kartoffeln schälen und in kleine Würfel schneiden. Den Lauch putzen, den dunkelgrünen Teil abschneiden und den weißen Teil in feine Ringe schneiden.

Olivenöl und Butter in einem Topf erhitzen und das Gemüse andünsten. Salzen und mit der heißen Brühe aufgießen. Die Suppe etwa 20 Minuten kochen lassen, bis das Gemüse weich ist.

Inzwischen die Tomaten häuten, entkernen und das Fruchtfleisch in feine Würfel schneiden. Wenn das Gemüse gar ist, einmal kurz den Pürierstab in die Suppe halten, das gibt der Suppe mehr Sämigkeit. Die Tomatenwürfel dazugeben, noch einmal mit Salz und Pfeffer abschmecken. Auf Suppenteller verteilen und jede Portion mit einem großen Klacks Faiselle krönen.

Faiselle ist ein säuerlicher, noch nicht abgetropfter Quark aus Kuh-, Schaf- oder Ziegenmilch, dessen Konsistenz eher an Joghurt erinnert. In Frankreich isst man die Faiselle schon nach einigen Stunden, bevor sie zum festeren Quark wird. In Deutschland erhält man sie in kleinen Plastikgefäßen mit Abtropfsieb, in dem die Faiselle in Molke schwimmt. Faiselle schmeckt auch pur, mit Obst, mit Zucker oder Honig und Walnüssen. Sie bekommen Faiselle fast immer bei Käse-Thomas.

Kartoffelsuppe mit Meerrettich und Radieschen

Für vier Personen:

3 Schalotten

350 g mehlig kochende Kartoffeln

30 g Butter

Salz, weißer Pfeffer

1 Prise Zucker

150 ml trockener Weißwein

150 ml Gemüsefond

250 ml Schlagsahne

1/2 Zitrone

60 g frisch geriebener Meerrettich

1 Bund Schnittlauch

8 Radieschen

5 Esslöffel Olivenöl

1 Teelöffel Ahornsirup

Kartoffeln und Schalotten schälen und in kleine Würfel schneiden. Die Butter in einem Topf erhitzen und die Zwiebeln und Kartoffeln darin glasig andünsten. Mit Salz, Pfeffer und 1 Prise Zucker würzen. Mit dem Wein ablöschen und auf die Hälfte einkochen. Den Fond, die Sahne und 500 ml Wasser dazugeben und zugedeckt 30 Minuten köcheln. Die Suppe mit dem Pürierstab oder im Mixer fein pürieren, den Zitronensaft untermischen. Den Meerrettich schälen und fein raspeln. Den Schnittlauch in Röllchen, die Radieschen in sehr feine Scheiben schneiden. Die Radieschenscheiben mit dem Olivenöl und dem Ahornsirup vermischen.

Die Suppe wieder erhitzen, die Hälfte des Meerrettichs unterziehen. Die Suppe in Teller füllen und mit dem restlichen Meerrettich, dem Schnittlauch und den Radieschen bestreuen.

Es klingt gewagt: scharfe Radieschen mit karamellig-süßem Ahornsirup in sahnig-milder Kartoffelsuppe – aber es schmeckt phantastisch.

Selleriecremesuppe mit Petersilienpüree

Für vier Personen:

500 g Knollensellerie

1 Zwiebel

2 Knoblauchzehen

1 kleine Chilischote (frisch oder getrocknet)

2 Esslöffel Butter

1–2 Kartoffeln (circa 200 g)

Salz

Pfeffer

3/4 l Gemüsebrühe, Instant oder nach Rezept auf Seite 67

100 ml Sahne

Zitronensaft

Worcestershiresauce

Muskat

1 Messerspitze Cayenne

Für das Petersilienpüree:

400 g krause Petersilie

100 ml Sahne

40 g Butter

Salz, Pfeffer

Den Sellerie putzen, schälen und in grobe Stücke schneiden. Die Zwiebel und den Knoblauch hacken. Die Chilischote längs aufschneiden, entkernen und hacken. Die Kartoffeln schälen und grob würfeln. Die Sellerie-, Zwiebel- und Knoblauchwürfel mit der Chilischote in der Butter andünsten. Die Kartoffelwürfel hinzufügen. Salzen, pfeffern und mit der Brühe auffüllen, alles zugedeckt ganz weich kochen, das dauert etwa 25 Minuten, und mit dem Pürierstab oder in der Küchenmaschine pürieren. Die Sahne angießen und noch wenige Minuten leise köcheln. Falls die Suppe zu dick ist, noch etwas Brühe zugießen. Die Suppe mit Zitronensaft und einem kleinen Spritzer Worcestershiresauce, einer Messerspitze Cayenne und etwas Muskat abschmecken.

Für das Petersilienpüree die Petersilie in Salzwasser blanchieren und in eiskalten Wasser abschecken. Danach gut ausdrücken und in der Küchenmaschine fein pürieren. Die Sahne in einem Topf auf die Hälfte einkochen lassen, das Püree und die Butter unterziehen und mit Salz und Pfeffer abschmecken. Das Pürree so kunstfertig wie möglich auf die Suppe applizieren.

Eine Suppe, die nicht nur geschmacklich, sondern auch optisch etwas „hermacht", wenn Sie das grüne Petersilienpüree als dekorative Spirale in die cremeweiße Suppe gießen.

Provenzalische Fischsuppe

Für vier Personen:

1 kg Filets von Meeres-
fischen mit festem weißen
Fleisch

8 mittelgroße rohe Garnelen

4–5 aromatische Fleisch-
tomaten

4 Knoblauchzehen

2 Gemüsezwiebeln

1 Fenchelknolle

2 Stangen Staudensellerie

1 Bund glatte Petersilie

2 Stängel Thymian

5 Esslöffel Olivenöl

2–3 Lorbeerblätter

1 Stück Orangenschale

Salz und Pfeffer

1 getrocknete rote Chili-
schote

200 ml Weißwein

2 Esslöffel Pastis

1 l Fischfond

Cayennepfeffer

Die Fischfilets jeweils in 3 oder 4 Teile schneiden. Die Garnelen aus der Schale brechen, eventuell den schwarzen Darm entfernen. Die Tomaten häuten, entkernen und achteln. Die Zwiebeln und den Knoblauch fein hacken. Den Fenchel putzen, halbieren, den Strunk entfernen und die Knolle in dünne Scheiben schneiden. Den Staudensellerie in feine Scheiben schneiden. Die Petersilie grob schneiden.

Die Tomaten, den Knoblauch, die Thymianstängel und die Zwiebeln in einer beschichteten Pfanne im Olivenöl weich dünsten und anschließend durch ein Sieb in einen Topf streichen. Lorbeerblätter, Orangenschale, Fenchel- und Selleriescheiben und die Petersilie in den Sud geben. Mit Pfeffer, Salz und der zerkrümelten Chilischote würzen. Den Pastis und den Weißwein angießen und kurz aufkochen lassen. Den Fischfond angießen und 10 Minuten köcheln lassen. Die Fischfilets in den Sud legen, so viel Wasser angießen, dass die Fische knapp bedeckt sind. Die Filets 5 Minuten ziehen lassen, nicht kochen, sonst zerfallen sie. Die Garnelen dazugeben und weitere 5 Minuten ziehen lassen. Abschmecken, eventuell nachsalzen und großzügig mit Cayennepfeffer würzen.

Geeignet sind Seezunge, Seeteufel, Meeraal, Drachenkopf, Knurrhahn, Kabeljau – am besten vom Fischhändler beraten lassen.

Falls Sie den Fond nicht selbst kochen möchten, gibt es ihn in sehr guter Qualität bei den Fischhändlern auf der Galerie.

Bei diesem Rezept handelt es sich nicht um die Original-Bouillabaise; diese ist wesentlich aufwändiger und schmeckt sowieso am besten im Hafen von Marseille. Unsere Version ist für den Hausgebrauch „abgespeckt" und trotzdem köstlich. Wenn Sie einen gekühlten Rosé aus der Provence dazu trinken, werden Sie den Unterschied kaum noch feststellen.

Thailändische Garnelensuppe Tom yam gung

Für vier Personen:

800 g Riesengarnelen

5 cm frische Galgant-Wurzel

2 cm frischer Ingwer

je 2 kleine rote und grüne Chilischoten

1 kleiner Bund Koriander

1–2 Stängel Zitronengras

2 Frühlingszwiebeln

2 Esslöffel Pflanzenöl

4–5 Limettenblätter

2 Esslöffel Fischsauce

1/2 Teelöffel rote Chilisauce Nam-Prik-Pau

2–3 Esslöffel Limettensaft

Das Schwanzteil der Garnelen vom Kopf abdrehen. Den Garnelenschwanz schälen. Dazu bei jeder Garnele den Panzer auf der Unterseite mit einer Schere aufschneiden, die Schale ablösen und den Darm entfernen. Ingwer und Galgant schälen und fein würfeln. Die Chilischoten längs halbieren und entkernen. Die grünen Chilischoten in grobe Stücke schneiden, die roten in feine Ringe. Die Korianderblättchen abzupfen und feinhacken, die Zitronengrasstängel dritteln. Die Frühlingszwiebeln putzen und die weißen Teile in feine Ringe schneiden.

Das Öl in einem Wok oder einer großen Pfanne erhitzen und die Garnelenschalen und -köpfe im heißen Öl rosa rösten. Mit 1 l Wasser aufgießen und salzen. Das Zitronengras, den Galgant, den Ingwer, die grünen Chilischoten und die Limettenblätter zufügen. Alles 1/2 Stunde sanft köcheln und anschließend durch ein Sieb gießen. Den Fond mit der Fischsauce und der Nam-Prik-Pau-Sauce würzen. Die roten Chilischotenringe, die Frühlingszwiebeln und die Garnelen in die Suppe legen und 3 bis 5 Minuten sanft köcheln. Die Suppe mit dem Limettensaft abschmecken und mit den Korianderblättchen bestreut servieren.

Diese Suppe wird in ähnlichen Varianten auch in Myanmar, Vietnam und Kambodscha gegessen. Sie ist sehr delikat und in ihren Heimatländern überaus feurig. Wenn man die Chilischoten von Samen und Rippen befreit, ist die Schärfe auch für europäische Gaumen sehr angenehm.

Hühnersuppe mit Spargel, Erbsen und Zuckerschoten

Für acht Personen:

1 Bund Suppengrün

1 Petersilienwurzel

1 großes, fettes Suppenhuhn

1 Teelöffel weiße Pfefferkörner

2 Lorbeerblätter

etwas Liebstöckel

250 g weißer Spargel

250 g grüner Spargel

200 g frische Erbsen

200 g Zuckerschoten

Salz

Pfeffer

etwas Zitronensaft

Muskatnuss

1 Bund glatte Petersilie

die abgeriebene Schale von 1/2 Zitrone

Das Suppengrün und die Petersilienwurzel putzen und grob würfeln. Das Suppenhuhn waschen, in einen großen Topf legen, mit Wasser aufgießen, salzen und aufkochen lassen. Den entstehenden Schaum abschöpfen und die Hitze reduzieren. Das zerkleinerte Suppengemüse, die Pfefferkörner, die Lorbeerblätter und den Liebstöckel dazugeben. Das Huhn bei mittlerer Hitze etwa 2 Stunden köcheln lassen. Es ist gar, wenn sich das Fleisch am Unterschenkel zu lösen beginnt. Das Huhn aus der Brühe heben, häuten, das Fleisch von den Knochen lösen und in mundgerechte Stücke schneiden. Die Brühe durch ein feines Sieb gießen.

Für die Suppeneinlage den weißen Spargel ganz, den grünen nur im unteren Drittel schälen. Die holzigen Enden abschneiden. Spargel in schräge, etwa 2 cm lange Stücke schneiden. Die Erbsen palen, die Zuckerschoten putzen, entfädeln und quer halbieren.

Den weißen Spargel und die Erbsen in die Brühe geben und 8 Minuten garen. Den grünen Spargel und die Zuckerschoten nach 4 Minuten zufügen. Das Hühnerfleisch unterrühren, kurz aufkochen, mit Salz, Pfeffer, Muskat und einem Spritzer Zitronensaft würzen. Mit Petersilie und Zitronenschale servieren.

Im Winter können Sie anstelle der Frühlingsgemüse Karotten, Lauch, Sellerie, Spitzkohlstreifen oder Broccoli verwenden.

Wenn Sie die Brühe nicht so fett mögen, kochen Sie das Huhn schon am Vortag und stellen die Brühe über Nacht in den Kühlschrank. Am nächsten Tag lässt sich das erkaltete Fett ganz einfach abheben.

Betritt man den kleinen, etwas versteckten Laden „Valentino Italienische Spezialitäten" von Karin und Domenico Valente in einer Ecke der Markthalle, fühlt man sich in einen italienischen Alimentari versetzt. Fein säuberlich bestückte Regale mit allen erdenklichen Spezialitäten: Olivenöl extra vergine aus sämtlichen Regionen Italiens, Essig, eingelegte Gemüse, Sardellen, Kapern, Thunfisch, Nudeln, Reis, Kaffee, Wein und Kekse – sogar das speziell für Pizzateig erforderliche Mehl Tipo 00 findet man hier. In der Vitrine liegen Salami, Käse und Schinken neben eingelegten Oliven, Artischocken und bildschönen süßen Törtchen. Hinter dem kleinen Laden ist eine Reihe von Tischen aufgebaut, an denen das Ehepaar Valente Antipasti und täglich wechselnde Pastagerichte serviert. Domenico stammt aus Kalabrien und das folgende Rezept ist eine Spezialität seiner Heimat.

Pasta al Bottarga

Für vier Personen:

500 g Spaghetti oder Linguine

100 ml Olivenöl extra vergine

etwa 100 g Bottarga

frischer Pfeffer aus der Mühle

Für die Variante:

Zitronensaft

gehackte glatte Petersilie

Die Nudeln in reichlich gesalzenem Wasser al dente kochen. Abgießen, dabei einige Esslöffel Kochwasser auffangen. Die Nudeln zurück in den Topf geben, mit dem Nudelwasser und dem Olivenöl vermischen. Die Nudeln auf vier Tellern anrichten und mit einem Trüffelhobel Bottargaspäne darüber verteilen. Mit Pfeffer aus der Mühle würzen und nach Gusto frisch geriebenen Parmesankäse dazu reichen.

Eine durch Zitronensaft frischere und weniger „fischige" Variante: Die Bottarga fein reiben, mit 100 ml Olivenöl und dem Saft einer Zitrone vermischen. Die Nudeln al dente kochen, einige Esslöffel Kochwasser unter die Bottargasauce mischen. Die Nudeln abgießen, die Bottargasauce gut mit den Nudeln vermischen und reichlich gehackte, glatte Petersilie unterheben.

Bottarga ist eine Spezialität aus Kalabrien, Sizilien und Sardinien. Der gepresste, gesalzene und luftgetrocknete Rogen der Meeräsche „Bottarga di muggine" und des Thunfischs „Bottarga di tonno" wird auch als „Kaviar des Mittelmeeres" bezeichnet. Die Bottarga bleibt nur ein paar Stunden im Salz und behält dadurch den Geschmack von frischem Fisch. Zuhause lässt sie sich in ein feuchtes Leinentuch eingeschlagen einige Wochen im Kühlschrank lagern.

Domenico Valente liebt gehobelte Bottarga auf gegrillter Rinderlende, beträufelt mit feinstem Olivenöl und gewürzt mit grob gemahlenem Pfeffer und gerebeltem wilden Oregano. Karin Valente bevorzugt „Insalata di Pomodoro con Rucola e Bottarga". Dafür werden Tomaten in Scheiben oder Achtel geschnitten und der Rucola grob zerzupft. Gewürzt wird mit Rotweinessig, reichlich Olivenöl extra vergine, Salz und Pfeffer. Und obenauf kommen hauchdünn gehobelte Bottargascheibchen.

Pasta mit Garnelen, Chorizo und Tomaten

Für vier Personen:

4 Esslöffel Olivenöl

100 g Chorizo

400 g rohe, geschälte Garnelen

2 Schalotten

2 Knoblauchzehen

2 rote Chilischoten

500 g Kirschtomaten

1/2 Bund glatte Petersilie

400 g Tagliatelle oder Pappardelle

Die Garnelen schälen, die Chorizo in feine Scheiben schneiden. Die Schalotten und den Knoblauch fein hacken. Die Chilischote längs halbieren, die Kerne entfernen, in feine Ringe schneiden. Die Tomaten vierteln, die Petersilienblättchen abzupfen und fein schneiden.

Das Olivenöl in einer Pfanne erhitzen, die Chorizo 2 Minuten anbraten, bis sie leicht bräunt. Die Garnelen dazugeben und etwa 2 Minuten mitbraten, bis sie Farbe annehmen. Die Wurstscheiben und die Garnelen mit einer Schaumkelle aus der Pfanne nehmen und beiseite stellen. Im heißen Öl die Zwiebel, die Chilischote und den Knoblauch andünsten, die Tomaten zugeben und alles 5 Minuten sanft köcheln lassen. Inzwischen die Pasta in Salzwasser garen.

Die Chorizo und die Garnelen in die Tomatensauce geben und etwa 2 Minuten köcheln, bis die Garnelen gar sind. Wenn nötig mit Salz abschmecken – die Chorizo ist meist ziemlich salzig – und die Petersilie untermischen. Die Sauce über die Nudeln geben und vorsichtig vermischen.

Chorizo ist eine luftgetrocknete, feste, grobkörnige Wurst vom Schwein aus Spanien und Portugal. Sie ist deftig mit Knoblauch und Paprika gewürzt, dem sie auch ihre rote Farbe verdankt. Bei der Herstellung werden Fleisch und Speck klein gehackt, manchmal kommen Innereien vom Schwein dazu. Der Geschmack hängt stark von der verwendeten Paprikasorte ab, er variiert von extra scharf, scharf, mild, leicht süß, geräuchert bis sonnengetrocknet.

Spaghettini mit gebratenen Calamaretti

Für vier Personen:

800 g Calamaretti

4 Knoblauchzehen

2 rote Chilischoten

6 Tomaten

1 Bund Basilikum

500 g Spaghettini

Salz

5 Esslöffel Olivenöl

Pfeffer

Die Calamaretti wie unten beschrieben vorbereiten.

Den Knoblauch schälen und in feine Scheiben schneiden. Die Chilischoten halbieren, die Kerne entfernen und die Schoten in feine Streifen schneiden. Die Tomaten mit kochendem Wasser überbrühen, häuten, entkernen und würfeln. Das Basilikum waschen, abtrocknen und fein schneiden. Die Spaghettini in Salzwasser bissfest kochen.

Das Olivenöl in einer Pfanne erhitzen und Knoblauch, Chili und die Calamaretti 2 Minuten anbraten. Die Tomatenwürfel zugeben, mit Salz und Pfeffer würzen, etwa 2 Minuten weiterbraten. Die Nudeln abschütten, mit den Calamaretti mischen und mit dem Basilikum bestreut servieren.

Für dieses Gericht braucht man die kleinsten existierenden Kalmare, die in Italien Calamaretti in Frankreich Supions genannt werden – sie werden in der Kleinmarkthalle sehr häufig angeboten. Die Tentakel mit den Eingeweiden aus den Calamaretti ziehen. Die Fangarme über den Augen abschneiden. Die Fangarme aufbewahren, sie werden später mitgebraten. Augen, Eingeweide und den transparenten Chitinspan wegwerfen. Die Kauwerkzeuge, die zwischen den Fangarmen liegen, herausdrücken und wegwerfen. Die violette Außenhaut samt Flügelchen unter fließendem Wasser abziehen. Die Tuben innen und außen gut waschen und trocken tupfen. Falls ihnen die ganze Putzerei ein Buch mit sieben Siegeln ist, lassen sie sich die Prozedur am besten von ihrem Fischhändler zeigen. Sie werden feststellen, dass es wirklich ganz einfach ist.

Vor 34 Jahren hat es Caterina Gurreri aus ihrem kleinen sizilianischen Dorf nach Frankfurt verschlagen, und seit 21 Jahren steht sie außer sonntags jede Nacht um 3 Uhr auf, damit sie ihren Kunden pünktlich um 8 Uhr morgens frisches Obst und Gemüse verkaufen kann. Aber sie klagt nicht, denn sie liebt die Kleinmarkthalle und ist jeden Tag glücklich, hier sein zu können. „Ein Weiberbetrieb sind wir", sagt sie, weil sie sich die Arbeit mit ihrer Schwester und ihrer Nichte teilt. Auch einer der wichtigsten und liebsten Menschen in ihrem Leben war eine Frau: ihre Nonna. Die Großmutter, die nie das winzige sizilianische Dorf verlassen hat und so traumhaft gut kochen konnte. Von ihr stammen die traditionellen Familienrezepte, die Caterina auch nach 34 Jahren in Deutschland regelmäßig kocht.

Pasta con le sarde di Nonna Caterina

Für vier Personen:

300 g frische Sardinen

1/2 Zitrone

2 Esslöffel Pinienkerne

2 rote Zwiebeln

150 g frisch geriebene Semmelbrösel

1 Bund wilder Fenchel

400 Bucatini (dünne lange Röhrennudeln) oder Makkaroni

100 ml trockener Weißwein

100 ml Olivenöl

Salz, Pfeffer

Die Sardinen am Bauch aufschneiden, ausnehmen und den Kopf abschneiden. Aufklappen und die Mittelgräte vorsichtig vom Fleisch lösen und herausnehmen. Die Sardinen unter fließendem Wasser waschen, dabei die Schuppen abspülen. Mit etwas Zitronensaft beträufeln und kalt stellen. Die Pinienkerne ohne Fett hellbraun rösten. Die Zwiebeln fein hacken. Die Semmelbrösel in einer Pfanne in Olivenöl goldbraun rösten und auf einem Teller abkühlen lassen. Den Fenchel in kochendem Salzwasser blanchieren, mit einem Schaumlöffel aus dem Wasser nehmen, abtropfen lassen und klein schneiden. Die Nudeln im Fenchelblanchierwasser garen.

Die Zwiebeln in Olivenöl glasig braten. Den Fenchel dazugeben und kurz anbraten. Die Sardinen trocken tupfen und vorsichtig mitbraten, sie dürfen dabei ruhig in große Stücke zerfallen, mit Salz und Pfeffer würzen. Die Pinienkerne untermischen und mit dem Weißwein ablöschen. Die gegarten Nudeln tropfnass dazugeben, eventuell noch etwas Nudelkochwasser untermischen. Die gerösteten Semmelbrösel darüberstreuen und servieren.

Dieses Gericht mit Gemüsefenchel zuzubereiten, lehnt Caterina kategorisch ab. „Das schmeckt einfach nicht. Man kann Pasta con le sarde eben nur im Frühjahr essen, wenn es den wilden Fenchel gibt. Es gibt genügend andere gute Sachen, die man in den übrigen Jahreszeiten kochen kann." Wahrscheinlich liegt es an unserer nicht-italienischen Kindheit, dass uns die Pasta con le sarde auch mit Gemüsefenchel schmeckt.

Ditali mit Artischocken, Kartoffeln und Erbsen di Nonna Caterina

Für vier Personen:

8 mittelgroße Artischocken

2 mehlig kochende Kartoffeln

1 Bund Frühlingszwiebeln

600 g frische Erbsen

4 Eier

1,5 l Gemüsebrühe

4 Eier

200 g Ditali

50 ml Olivenöl

Salz, Pfeffer

150 g Parmesan

Von den Artischocken den Stiel abbrechen, die äußeren Blätter mit der Hand entfernen, die mittleren direkt über dem Boden mit einem Sägemesser abschneiden, das Heu mit einem Löffel sorgfältig auskratzen und den Boden in Scheiben schneiden. Die Artischockenböden bis zur Weiterverarbeitung in Zitronenwasser legen, damit sie nicht braun werden. Die Kartoffeln schälen und grob würfeln, die Zwiebel schälen und fein würfeln. Die Frühlingszwiebeln putzen und in feine Ringe schneiden. Die Erbsen aus den Schoten palen. Die Gemüsebrühe aufkochen.

Olivenöl in einem großen, breiten Topf erhitzen und die Artischocken, die Zwiebeln und die Kartoffeln anbraten, bis alles glasig geworden ist. Mit der heißen Gemüsebrühe aufgießen und 20 Minuten sanft köcheln lassen. Mit Salz und Pfeffer würzen und die gepalten Erbsen dazugeben. 5 Minuten weiterköcheln, dann die Ditali in die Brühe geben und 6 Minuten kochen. Die Eier aufschlagen und direkt in die Brühe geben. Gut verrühren und weitere 3 Minuten kochen. Mit Salz und Pfeffer abschmecken und mit viel geriebenem Parmesan servieren.

Ditali, zu deutsch „Fingerhüte", sind kleine, dicke Röhrennudeln.

Pasta con zata di Nonna Caterina

Pasta con zata bedeutet laut Caterina ganz einfach „Nudeln mit Wohlgeschmack".

Für vier Personen:

50 g Sultaninen

1 mittelgroßer Romanesco

2 weiße Zwiebeln

1 Knoblauchzehe

2 Esslöffel Pinienkerne

50 ml Olivenöl

400 g Rigatoni

150 g Ricotta salata

1 Prise Safranpulver

Salz, Pfeffer

Die Sultaninen in Wasser einweichen. Den Romanesco in reichlich Salzwasser im Ganzen garen. Das dauert je nach Größe 12 bis 15 Minuten. Machen Sie die Garprobe mit einem spitzen Messer, der Romanesco darf nicht zu weich werden. Den Kohlkopf herausheben und die Rigatoni im selben Wasser garen. Den Romanesco in kleine Röschen zerteilen.

Die Zwiebeln und die Knoblauchzehe fein würfeln. In einem großen, flachen Topf die Zwiebeln, den Knoblauch und die Pinienkerne anbraten. Die Romanesco-Röschen und die Sultaninen dazugeben, kurz durchschwenken und den Safran darüber streuen. Alles mit Salz und Pfeffer würzen und die gegarten Nudeln in den Topf geben. Eventuell einige Löffel Kochwasser untermischen. Noch mal abschmecken und mit geriebenem Ricotta salata servieren.

Romanesco ist ein hübscher, kräftig grüner Kohlkopf, der treffenderweise auch Minarettkohl oder Türmchenblumenkohl genannt wird, weil seine Röschen die Form spitzer Türmchen haben. In seinen Eigenschaften und Inhaltsstoffen gleicht er dem weißen Blumenkohl, hat aber einen noch höheren Vitamin-C-Gehalt.

Ricotta salata (salata bedeutet gesalzen) ist wie alle Ricottaarten ein Frischkäse aus der Molke der Schafsmilch. Er stammt aus Sardinien und hat die stumpf-konische Form der Körbchen, in denen die Ricottakäse zum Abtropfen liegen. Der milchweiße Teig ist zunächst zart und streichfähig mit einem milden, leicht salzigen Geschmack. In diesem Zustand wird er überwiegend zum Kochen verwendet. Wird der Ricotta salata als Tafelkäse angeboten, hat er eine Reifezeit von 20 bis 30 Tage hinter sich, als Reibekäse sogar 6 Monate.

Zitronennudeln mit gebratenem grünen Spargel

Für vier Personen:

400 g Pappardelle

500 g sehr dünne grüne Spargelstangen

1 kleine getrocknete Chilischote

2 1/2 Zitronen

250 ml Sahne

3 Esslöffel sehr feines Olivenöl

8 Cocktail- oder Datteltomaten

10 g Butter

Salz, Pfeffer

Vom Spargel das holzige Ende abschneiden und die Stangen halbieren, die Stücke sollen etwa 8 cm lang sein. Die Chilischote im Mörser fein zerstoßen. Die Schale von 1 Zitrone fein reiben, den Saft auspressen. Die Sahne in einem kleinen Topf auf die Hälfte einkochen lassen. Die Chilischote und den Zitronensaft unterrühren.

Die Nudeln in Salzwasser garen, die Spargelstücke in einer großen Pfanne in Olivenöl bei mäßiger Hitze 5 Minuten dünsten, salzen und pfeffern. Die gegarten Nudeln unterheben.

Während Nudeln und Spargel garen, die Tomaten halbieren und die halbe Zitrone in 4 dünne Scheiben schneiden. Die Butter in einer kleinen Pfanne zerlassen, die Tomatenhälften und die Zitronenscheiben kurz darin andünsten und mit Salz und Pfeffer würzen. Die Nudeln mit der Zitronensauce auf Tellern anrichten, je eine Zitronenscheibe und vier Tomatenhälften darauf verteilen und mit der geriebenen Zitronenschale bestreuen.

Zu dieser köstlichen Sauce mit ihrem leicht säuerlich-scharfen Aroma sollten Sie sich frisch gemachte Nudeln gönnen. Ein Hochgenuss!

Tagliatelle mit Mohn und Kerbel

Für vier Personen:

150 g Butter

45 g grob gemahlener, frischer Mohn

50 g Kerbel

weißer Pfeffer, Salz

Zitronensaft

400 g Tagliatelle

Parmesan

Die Spaghetti in reichlich Salzwasser garen. Die Kerbelblättchen abzupfen, eventuell grob hacken. Die Butter in einer großen Pfanne zerlassen, den Mohn einstreuen und andünsten. Den Kerbel untermischen, mit Salz und Pfeffer würzen.

Die Spaghetti gut abgetropft in die Pfanne geben und gründlich in der Mohn-Butter wenden und mit einem Spritzer Zitronensaft abschmecken. Mit gehobeltem oder geriebenen Parmesan bestreuen.

Frisch gemahlenen Mohn bekommen Sie am Gewürzstand Karl Müller. Sie müssen allerdings mehr als 45 g abnehmen, der Rest lässt sich unproblematisch einfrieren.

Die Mohnsauce passt auch ausgezeichnet zu gefüllter Pasta wie Tortelloni oder Ravioli. Die Füllung sollte dann allerdings sehr mild sein, um den nussigen Mohngeschmack nicht zu überdecken. Gut geeignet ist frischer Ricotta.

Ravioli mit Ricotta, Thymian und Zitrone

Nudelteig für vier Personen:

2 Eier

4 Eigelb

1/3 Teelöffel Salz

300 g doppelgriffiges Weizenmehl Typ 405

1–2 Esslöffel Olivenöl

Für die Füllung:

150 g frischer Ricotta

1 Bund Thymian

50 g geriebener Parmesan

1 Zitrone

Salz, Pfeffer

Außerdem:

1 Eiweiß

50 g geriebener Parmesan

50 g Butter

1 Bund Salbei

Das Mehl auf die Arbeitsfläche häufen und einen kleinen Krater bilden. Die Eier und Eigelbe hineingeben und das Salz darüberstreuen. Die Eier mit einer Gabel verquirlen, dabei immer mehr Mehl vom Rand untermischen. Schließlich mit den Händen weiterarbeiten, dabei etwas Olivenöl zugeben. Den Teig durchkneten, bis er nicht mehr klebt und sich elastisch anfühlt. In Klarsichtfolie gewickelt 1 Stunde bei Zimmertemperatur ruhen lassen.

Den Thymian waschen und die Blättchen abzupfen. Die Schale der Zitrone abreiben. Beides mit dem Ricotta und dem Parmesan cremig verrühren. Kräftig mit Salz und Pfeffer abschmecken. Den Nudelteig so dünn wie möglich ausrollen und mit Hilfe eines kleinen Tortenrings oder eines Glases Kreise ausstechen. Je 1 Teelöffel von der Ricotta-Creme daraufsetzen und die Ränder mit etwas Eiweiß bepinseln. Die Ravioli zusammenklappen und mit den Zinken einer Gabel fest zusammendrücken. In kochendem Salzwasser etwa 5 Minuten lang ziehen lassen.

In der Zwischenzeit die Butter in einer Pfanne zerlassen und die Salbeiblätter darin braten. Die Ravioli mit einem Schaumlöffel aus dem Wasser heben und auf Tellern anrichten. Mit der geschmolzenen Salbei-Butter beträufeln und mit Parmesan bestreuen.

Ein Rezept, das sich sehr gut an einem langweiligen, verregneten Sonntag kochen lässt, denn die Ravioli machen schon ein bisschen Arbeit. Aber der Genuss der zarten Teigtäschchen lohnt jede Mühe.

Malfatti

Für sechs Personen:

600 g geputzter Spinat

1 Zwiebel

30 g Butter

150 g Ricotta

100 g geriebener Parmesan

1 Eigelb

2 Eier

Salz, Pfeffer, Muskat

200 g Mehl

70 g Butter

Den Spinat waschen, tropfnass in einem Topf erhitzen und zusammenfallen lassen. Abgießen, die Blätter gut ausdrücken und fein hacken. Die Zwiebel ebenfalls fein hacken und in einer Pfanne in 30 g Butter glasig dünsten, den Spinat untermischen, vom Herd ziehen und abkühlen lassen.

Den Backofen auf 180 Grad vorheizen. Den Ricotta mit dem abgekühlten Spinat, 50 g geriebenem Parmesan, dem Eigelb und den beiden Eiern mischen, mit Salz, Pfeffer und Muskat würzen. Das Mehl in kleinen Portionen unterarbeiten, bis ein glatter Teig entsteht. Mit 2 Esslöffeln aus der Teigmasse Nocken abstechen und in kochendes Salzwasser gleiten lassen. Die Temperatur reduzieren und die Klößchen ziehen lassen, bis sie an die Oberfläche steigen. Die Nocken mit einem Schaumlöffel herausheben, gut abtropfen lassen und in eine feuerfeste Form legen. Mit der zerlassenen Butter begießen. Die Malfatti 5 Minuten im vorgeheizten Ofen überbacken und mit dem restlichen Parmesan servieren.

Malfatti heißt wörtlich übersetzt „Schlecht Gemachte". Das bezieht sich aber nur auf die unregelmäßige Form der handgemachten Klößchen und keineswegs auf ihren köstlichen Geschmack.

Grießgnocchi alla romana

Für vier Personen:

400 ml Milch

Salz, Pfeffer, Muskat

125 g Hartweizengrieß

2 Eigelbe

20 g Butter

60 g frisch geriebener Parmesan

Für die Kräuterbutter:

100 g Butter

1 Knoblauchzehe

1/2 Bund glatte Petersilie

einige Salbeiblättchen

40 g Parmesan

Die Milch aufkochen, mit Salz, Pfeffer und Muskat würzen. Den Grieß dazugeben, unter Rühren kochen, bis sich am Boden ein leichter weißer Film bildet. Den Topf vom Herd nehmen, die Eigelbe, 20 g Butter und den Parmesan unterheben. Ein Backblech einölen, die Grießmasse 1 cm dick darauf streichen, mit Folie abdecken und mindestens 1 Stunde abkühlen lassen.

Den Backofen auf 220 Grad vorheizen. Einen 5 cm großen Plätzchenausstecher oder ein entsprechend großes Glas mit Öl bepinseln und Kreise aus dem Teig ausstechen. Die Gnocchi dachziegelartig in eine gebutterte Auflaufform schichten.

Petersilie, Salbei und Knoblauch sehr fein hacken und in der Butter andünsten. Die Kräuterbutter über den Gnocchi verteilen und mit dem Parmesan bestreuen. Etwa 12 Minuten im heißen Ofen backen, bis der Käse geschmolzen ist.

Dazu eine frische Tomatensauce reichen oder einfach nur einen großen gemischten Salat.

Gnocchi mit Walnusspesto

Für vier Personen:

Walnusspesto:

100 g Walnusskerne

1 Zweig Rosmarin

2 Zweige Thymian

1 Knoblauchzehe

100 ml Olivenöl

50 g frisch geriebener Parmesan

Gnocchi:

500 g mehligkochende, mittelgroße Kartoffeln

Salz

160 g Mehl Typ 405

1 großes Ei

Muskatnuss

Grieß zum Bearbeiten

60 g Butter

Für das Pesto die Walnüsse in einer Pfanne ohne Fett anrösten. Rosmarinnadeln und Thymianblättchen abzupfen und hacken. Die Knoblauchzehe pellen und grob zerteilen. Olivenöl, Parmesan, Rosmarin und Thymian, Knoblauch und Walnüsse in einem Mixer fein pürieren und mit Salz und Pfeffer abschmecken.

Den Backofen auf 180 Grad vorheizen. Die ungeschälten Kartoffeln in Salzwasser gar kochen. Abtropfen lassen, auf ein Backblech legen und im heißen Backofen 5 Minuten ausdämpfen lassen. Die Kartoffeln anschließend pellen und durch die Kartoffelpresse drücken. Die noch warmen Kartoffeln mit Mehl, dem Ei, Salz und Muskat rasch zu einem Teig kneten. So viel Mehl zugeben, bis die Masse bindet, es soll ein trockener, glatter Teig entstehen. Auf der mit Grieß bestreuten Arbeitsfläche daumendicke Rollen formen und in 3 cm lange Stücke schneiden. Wer möchte, kann mit einer Gabel das typische Streifenmuster in die Klößchen drücken, es muss aber nicht sein, am Geschmack ändert sich dadurch nichts.

In einem großen Topf reichlich Salzwasser aufkochen. Die Gnocchi darin ziehen lassen – eventuell portionsweise, sie brauchen wirklich ausreichend Platz im Topf –, bis sie an die Oberfläche steigen. Die Gnocchi mit einer Schaumkelle aus dem Wasser heben. Die Butter in einer Pfanne schmelzen, die Gnocchi kurz darin wenden und die Hälfte des Walnusspesto untermischen. Mit dem restlichen Walnusspesto servieren.

Es ist wichtig, dass die Kartoffeln noch warm verarbeitet werden. Nur dann bekommen die Gnocchi ihre zartschmelzende Konsistenz.

Tiroler Graukäseknödel

Für vier Personen:

300 g altbackenes Weißbrot

1/4 l Milch

1 Bund Schnittlauch

1/2 Bund glatte Petersilie

1 Zwiebel

300 Graukäse

1 Esslöffel Mehl

3 Eier

Salz, Pfeffer, Muskat

80 g Butter

60 g Trentingrana

Das Weißbrot in Würfel schneiden, mit der lauwarmen Milch begießen und abgedeckt mindestens 10 Minuten ziehen lassen. Den Schnittlauch in Röllchen schneiden, die Petersilienblättchen abzupfen und hacken. Die Zwiebel fein hacken und in etwas Butter andünsten. Den Graukäse sehr klein würfeln, mit den Zwiebelwürfeln, dem Mehl, den Eiern und den Kräutern zum Brot geben. Alles gut vermischen und mit Salz, Pfeffer und einer Prise Muskat abschmecken. Mit feuchten Händen zu Knödeln formen, etwa 4 bis 5 cm im Durchmesser, und in Salzwasser 15 Minuten ziehen lassen.

In der Zwischenzeit den Trentingrana reiben und die Butter in einem Pfännchen bräunen. Die Knödel mit einem Schaumlöffel aus dem Wasser heben, gut abtropfen lassen und mit dem geriebenen Käse und der braunen Butter servieren. Ideal dazu passt ein grüner Salat.

Tipp: Die Knödel nicht kochen, sondern in heißem Butterschmalz rundum knusprig braun braten und mit Sauerkraut servieren.

Graukäse, oder „Graukas", wie ihn die Einheimischen nennen, ist eine Tiroler Käsespezialität aus Sauer- oder Magermilch, er ähnelt dem in Frankfurt besser bekannten Handkäse. Der Tiroler Graukäse reift circa zwei Wochen. Im jungen Zustand ist er meist quarkig und bröselig und hat einen mild säuerlichen Geschmack. Lagert man ihn ein paar Tage bei Zimmertemperatur, wird er schnell reif. Der besonders magere Käse, er enthält nicht mehr als 2 Prozent Fett, wird gerne nach sommerlichen Bergtouren auf der Alm genossen. Klassisch isst man den Tiroler Graukäse mit etwas Butter auf Bauernbrot oder man serviert ihn mariniert mit Essig und Öl und frischen Zwiebeln. Das Tiroler Bauernstandl hat uns ein Rezept gegeben, in dem der Graukäse Hauptbestandteil deftiger Knödel ist. Die „Kasknödel", sind als Stärkung nach Bergtouren beliebt, eignen sich aber auch hervorragend als wärmende Wintermahlzeit.

Trentingrana ist eine Unterart des Parmesankäses, ein Hartkäse, der 24 Monate reifen muss. Er besteht aus teilentrahmter und nicht erhitzter Kuhmilch, der nur Lab und Salz zugegeben wird.

Ein weiteres Rezept des „Tiroler Bauernstandl", „Birnen mit Blauschimmelkäse und Speck", finden Sie auf Seite 36.

Steinpilzrisotto

Für vier Personen:

350 g Risotto-Reis

50 g getrocknete Steinpilze

2 Schalotten

1 l Gemüse- oder Hühnerbrühe

2 Esslöffel Olivenöl

1 Esslöffel Butter

200 ml trockener Weißwein

Salz, Pfeffer

50 g Butter

100 g Parmesan

Die Steinpilze in warmem Wasser mindestens 1 Stunde einweichen. Dann absieben, die Pilze abwaschen, abtrocknen und klein schneiden. Das Einweichwasser filtern und beiseite stellen.

Die Schalotten fein würfeln. Die Brühe aufkochen. Die Schalotten in Olivenöl und Butter in einem großen, flachen Topf oder einer Pfanne glasig dünsten. Den Reis dazugeben und unter Rühren anbraten, bis er glasig wird. Die Steinpilze dazugeben und kurz mitbraten. Das Einweichwasser angießen und verkochen lassen, ebenso mit dem Wein verfahren. Nun nach und nach mit einer Schöpfkelle heiße Brühe zugießen und kräftig salzen. Die Temperatur so einstellen, dass der Reis leise blubbert; immer wieder Brühe dazugeben und einkochen lassen. Nach etwa 20 Minuten ist der Reis fertig: die Körner sollen weich sein, aber noch den berühmten Biss haben. Den Risotto mit Salz und Pfeffer abschmecken, vom Feuer nehmen und die Butter und den geriebenen Parmesan unterrühren. Einen Deckel auflegen und den Reis noch zwei Minuten ziehen lassen.

Tipp: Der Risotto schmeckt ebenso köstlich mit frischen Steinpilzen oder Pfifferlingen, die in Butter angebraten werden, bevor sie in den Risotto kommen.

Vialone nano, Arborio oder Carnaroli: Welcher Risottoreis Ihnen am besten schmeckt, müssen Sie ausprobieren. Gourmets schwören auf Carnaroli. Er hat längliche Körner und passt besonders fein zu Fisch. Arborio und Vialone nano sind runder und schmecken gut zu Gemüse und Fleischeinlagen.

Genauso wichtig wie der Reis ist eine gute Brühe. Wenn Sie sie nicht selbst kochen wollen, sollten Sie auf eine Gemüsebrühe ohne Geschmacksverstärker und Glutamat zurückgreifen. Ein Rezept für Gemüsebrühe finden Sie auf Seite 67, eines für Hühnersuppe auf Seite 78.

Kräuterrisotto

Für vier Personen:

350 g Risotto-Reis,
Vialone nano, Arborio oder
Carnaroli

300 g Kräuter: Basilikum,
glatte Petersilie, Fenchelgrün,
Schnittlauch, Kerbel, Minze
und Brunnenkresse

2 Schalotten

50 g Pancetta

1 l Gemüse- oder Hühnerbrühe

2 Esslöffel Olivenöl

1 Esslöffel Butter

150 ml trockener Weißwein

50 ml Wermut, am besten
Noilly Prat

Salz, Pfeffer

etwas Zitronensaft

25 g Butter

100 g Parmesan

Die Kräuter verlesen und waschen. In 1 l kochendem Salzwasser kurz blanchieren, mit einem Schaumlöffel herausnehmen und in eiskaltem Wasser abschrecken, damit sie nicht mehr weitergaren und ihre schöne Farbe behalten. Sehr gut abtropfen lassen und pürieren. Die Schalotten und den Pancetta fein würfeln. Die Brühe aufkochen. Schalotten und Pancetta in Olivenöl und Butter in einem großen, flachen Topf oder einer Pfanne glasig dünsten. Den Reis dazugeben und unter Rühren anbraten, bis er glasig wird. Mit Wein und Wermut ablöschen und weiterrühren, bis die Flüssigkeit verkocht ist. Nun nach und nach mit einer Schöpfkelle heiße Brühe angießen und eine kräftige Prise Salz dazugeben. Immer wieder Brühe dazugeben und einkochen lassen. Nach etwa 20 Minuten ist der Reis gar. Das Kräuterpüree unterrühren, den Risotto mit Salz, Pfeffer und einem Spritzer Zitronensaft abschmecken, vom Feuer nehmen und die Butter und den geriebenen Parmesan unterziehen. Zugedeckt noch 2 Minuten ziehen lassen.

Dazu schmeckt kurz gebratenes Fischfilet, Hühnerfilet oder Kaninchenrücken.

Informationen zu den Reissorten finden Sie auf Seite 100. Das Rezept für Gemüsebrühe ist auf Seite 67, das für Hühnersuppe auf Seite 78.

Spargel mit Orangensauce und Röstkartoffeln

Für vier Personen:

2 kg weißer Spargel

Für die Orangensauce:

5 Orangen

1 Zitrone

3 Eigelbe

1/2 Teelöffel Senf

Salz

Pfeffer

150 ml Öl, z.B. Raps-, Sonnenblumen- oder Traubenkernöl

80 ml Joghurt

1 Prise Zucker

Außerdem:

750 g kleine festkochende Kartoffeln

3 Esslöffel Butter

Salz

eventuell gekochter Schinken

Die Schale von 1 Orange und der Zitrone abreiben. Die Orangen und die Zitrone auspressen, es sollten etwa 500 ml Saft ergeben. Den Saft auf circa 100 ml einkochen, abkühlen lassen und danach in ein hohes Gefäß geben. Die Eigelbe, den Senf, Salz und weißen Pfeffer dazugeben und mit dem Handmixer verrühren. Nun unter stetigem Rühren erst tropfenweise, dann in einem feinen Strahl das zimmerwarme Öl einrühren, bis die Sauce cremig wird. Den Joghurt und die geriebene Orangen- und Zitronenschale unterrühren und mit einer Prise Zucker abschmecken.

Den weißen Spargel schälen, die holzigen Enden abschneiden. Die Stangen in Salzwasser mit einer Prise Zucker je nach Dicke in etwa 15 Minuten bissfest kochen, dann herausheben und abtropfen lassen.

Währenddessen die Kartoffeln kochen und anschließend schälen. Die Butter in einem Topf aufschäumen lassen, die Kartoffeln darin unter mehrfachem Rütteln rundum braun braten und salzen.

Den Spargel mit der Orangensauce, den gebratenen Kartoffeln und – wer's mag – mit gekochtem Schinken servieren.

Achtung: Alle Zutaten, die Sie für die Orangensauce brauchen, müssen Zimmertemperatur haben. Die Basis dieser Sauce ist eine Mayonnaise und die mag es bei ihrer Herstellung gerne wohltemperiert, sonst bindet sie nicht. Später will sie dann unbedingt in den Kühlschrank, sonst verdirbt sie schnell.

Spargel im Ofen gegart

Für vier Personen:

1,5 kg weißer Spargel

Salz, Zucker

160 g Butter

1 Bund Kerbel

Außerdem:

Alufolie

Den Backofen auf 200 Grad vorheizen. Die Butter schmelzen. Den Spargel schälen und die Enden abschneiden. Die Stangen in 4 gleichgroße Portionen teilen und jede Portion auf 2 große, übereinandergelegte Bögen Alufolie legen. Mit Salz und einer Prise Zucker würzen und mit der geschmolzenen Butter begießen. Die beiden Folienbögen jeweils nacheinander über dem Spargel schließen und die Folienenden sorgfältig zusammenkneifen. Die 4 Pakete auf ein Backblech legen und im heißen Ofen auf der unteren Schiene 40 bis 45 Minuten, je nach Dicke der Spargelstangen, garen. In der Zwischenzeit die Kerbelblättchen abzupfen und grob hacken. Den Spargel aus dem Ofen nehmen und vor dem Servieren kurz ruhen lassen. Die Päckchen auf Teller legen und erst bei Tisch öffnen, damit nichts von dem köstlichen Duft verloren geht. Den Spargel mit den Kerbelblättchen bestreuen.

Eine ungewöhliche Art Spargel zu garen, jedoch eine sehr empfehlenswerte. Das Aroma des Spargels bleibt in den dicht verschlossenen Päckchen erhalten, nichts geht an das Kochwasser verloren. Butter und Zucker ergeben zusammen eine feine karamellige Note – einfach köstlich.

Frühlingszwiebeln mit Sauce Gribiche

Sauce Gribiche ist eine Kräutermayonnaise, die mit gekochtem Eigelb, Cornichons und Kapern zubereitet wird. In der klassischen französischen Küche isst man die Sauce Gribiche zu Fisch und Kalbskopf. In diesem Rezept ist sie deutlich abgespeckt, die Ölmenge wird zugunsten des Gemüsesuds reduziert, was die Sauce frischer und leichter macht.

Für vier Personen:

2 Eier

16 Frühlingszwiebeln

1 Esslöffel Butter

1 Zitrone

1 kleine Essiggurke

1 Esslöffel kleine Kapern

2 Esslöffel Estragonessig

4 Esslöffel Olivenöl

2 Zweige Estragon

2 Stängel Petersilie

1 Teelöffel Dijonsenf

Salz

Die Eier hart kochen und in kaltem Wasser abkühlen. Die Frühlingszwiebeln putzen, den dunkelgrünen Teil abschneiden. Die Butter in einer Pfanne erhitzen und die Frühlingszwiebeln andünsten, salzen, mit etwas Zitronensaft beträufeln und mit so viel Wasser auffüllen, dass sie fast bedeckt sind. Je nach Dicke der Zwiebeln 5 bis 8 Minuten köcheln, bis sie weich, aber nicht matschig sind. Im Sud abkühlen lassen.

Die Eier pellen, das Eigelb herausnehmen und mit einer Gabel zerdrücken. Die Kapern mit Wasser abspülen und abtropfen lassen. Das Eiweiß und die Essiggurke in feine Würfel schneiden. Das zerdrückte Eigelb, den Senf und den Estragonessig verrühren. Das Olivenöl in feinem Strahl dazugießen und mit einer Gabel sämig rühren. 4 Esslöffel Zwiebelkochsud, die Gurkenwürfel, die Kapern und das gehackte Eiweiß untermischen. Mit Salz, Pfeffer und einer Prise Zucker abschmecken. Die Petersilien- und Estragonblättchen abzupfen und fein schneiden. Die Frühlingszwiebeln aus dem Sud nehmen, abtropfen lassen und auf eine Platte legen. Die Vinaigrette darüber gießen und mit den Kräutern bestreuen.

Ilse Reitz und ihr Mann Wolfgang haben den Stand von Ilses Eltern übernommen, die zu den ersten Händlern in der Kleinmarkthalle gehörten. Sie waren Landwirte, die ihre selbst angebauten Spargel, Erdbeeren, Zucchini und Kürbisse am eigenen Stand verkauften. Heute sind die Felder aufgegeben und das Gemüse wird aus der Region bezogen. Dafür fährt Herr Reitz mit seinem LKW nach Grießheim oder ins hessische Ried zu Produzenten, die er seit Jahren persönlich kennt. Was nicht in der Umgebung wächst, wird im Frischezentrum eingekauft. Besonders bekannt sind die Reitz' für ihren guten Spargel, den Wolfgang Reitz in der Saison täglich und in aller Herrgottsfrühe aus dem hessischen Ried holt.

Die „Exotenecke" bei Reitz' ist recht überschaubar, die Kunden bevorzugen saisonale und heimatnah gewachsene Produkte. Frau Reitz schätzt ihr Stammpublikum auf etwa 80 Prozent. „Heute kommen die Kinder und Enkel der Kunden, die noch bei meinen Eltern eingekauft haben. Auffällig ist, dass bei den jungen Leuten viel mehr Männer kochen als früher. Die fragen ganz genau nach und sind interessiert an guten Tipps." Denen und allen anderen wissbegierigen Einkäufern stellt Frau Reitz gerne Probierpakete zusammen, damit sie zuhause experimentieren können. Auch Verkäuferin Gudrun ist schon seit 28 Jahren dabei und kennt die Vorlieben und Gewohnheiten ihrer Kunden ganz genau. Sie sieht schon von weitem, ob jemand zu einem Späßchen aufgelegt ist, oder ob er eher ein bisschen Aufmunterung braucht. Und wenn eine Kundin nicht weiß, was sie kochen soll – Gudrun weiß es und packt das Richtige in die Tüte.

Grüne Soße, wie Ilse Reitz sie macht

Für vier Personen:

1 Paket Grüne Soße

100 g frischer Spinat

150 g Schmand oder saure Sahne

150 g Joghurt

1 Teelöffel Senf

1 Esslöffel Pflanzenöl

3 Esslöffel Zitronensaft

Salz, Pfeffer

3 hart gekochte Eier

Die Kräuter und den Spinat verlesen, waschen und gut abtrocknen. Durch den Fleischwolf drehen und mit allen Zutaten außer den Eiern mischen. Mit Salz und Pfeffer abschmecken, die Eier klein hacken und unter die Soße mischen. Die Grüne Soße passt hervorragend zu gekochtem Rindfleisch, schmeckt aber auch pur zu Pell- oder Bratkartoffeln.

Außer den klassischen Sieben, krause Petersilie, Schnittlauch, Kerbel, Kresse, Pimpinelle, Sauerampfer und Borretsch, soll nichts anderes in die traditionelle weiße Papierverpackung kommen. Das hat zumindest der „Verein zum Schutz der Frankfurter Grünen Soße", ein Zusammenschluss von Oberräder Gärtnern, festgelegt und bei der EU einen Schutz der Ursprungsbezeichnung beantragt.

Erbsen mit Minze und Salatherzen

Für vier Personen:

1 kg frische, zarte Erbsen
2–3 Stängel Minze
2 zarte, junge Kopfsalate
2 Bund Frühlingszwiebeln
4 Esslöffel Butter
Salz
1 Prise Zucker
Zitronensaft

Die Erbsen palen. Die Minzeblättchen abzupfen und in Streifen schneiden. Den Salat putzen, waschen und die einzelnen Blätter ebenfalls in schmale Streifen schneiden. Die Frühlingszwiebeln putzen, nur die weißen Teile in feine Ringe schneiden. Die Butter in einer Pfanne mit Deckel erhitzen. Die Zwiebelringe und die Salatstreifen dazugeben, mit Zucker und Salz würzen. 2 Minuten unter Rühren dünsten. Die Erbsen dazugeben, den Deckel auflegen, die Hitze reduzieren und die Erbsen 3 Minuten köcheln. Wenn sie drohen, zu trocken zu werden, etwas Wasser oder Noilly Prat (französischer Wermut, der mit seiner Süße perfekt zu den Erbsen passt) dazugeben. Die Minzestreifen unterheben, weitere 4 Minuten garen, bis die Erbsen weich sind. Mit Salz und einem Spritzer Zitronensaft abschmecken.

Für deutsche Mägen mag diese Zusammenstellung ungewöhnlich erscheinen. In der französischen Küche wird Kopfsalat auch als Gemüse sehr geschätzt, und grüne Erbsen mit geschmortem Salat heißen dort „Petit Pois à la Francaise".

Ofengebackene Gemüse mit gratiniertem Ziegenkäse

Für vier Personen:

2 Zucchini, besonders hübsch machen sich gelbe Zucchini

2 Fenchelknollen

500 g grüner Spargel

400 g große Champignons oder Kräuterseitlinge

1 rote und 1 gelbe Paprikaschote

4 junge weiße Zwiebeln oder Frühlingszwiebeln

einige Stangen Bleichsellerie

4 Bundmöhren

1 Zitrone

1 Zweig Rosmarin

etwa 12 Esslöffel Olivenöl

Salz, Pfeffer

12 Kirschtomaten

4 nicht zu reife Ziegenkäse, z. B. Crottin de Chavignol

Den Backofen auf 220 Grad vorheizen. Die Gemüse waschen. Die Zucchini der Länge nach achteln, die einzelnen Streifen quer halbieren. Die Fenchelknollen putzen, halbieren, den Strunk heraus schneiden, die Fenchelhälften in Streifen schneiden. Das untere Ende des Spargels abschneiden. Die Pilze putzen, die Champignons halbieren, die Kräuterseitlinge in dicke Scheiben schneiden. Die Paprikaschote halbieren, Kerne und Trennwände entfernen und die Schote in grobe Stücke schneiden. Die Zwiebeln pellen, von den jungen weißen Zwiebeln muss nur die äußere dünne Haut entfernt werden, von den Frühlingszwiebeln die dunkelgrünen Stängel abschneiden. Die Selleriestangen entfädeln und in 10 cm lange Stücke schneiden. Die Bundmöhren halbieren, etwas Grün dranlassen.

Jede Gemüsesorte separat mit 1 Esslöffel Olivenöl, Salz und Pfeffer vermischen und auf ein Backblech legen, dabei die einzelnen Sorten zusammenlassen. Die Zitronenschale abreiben, den Saft der Zitrone auspressen. Die Rosmarinnadeln abstreifen und fein hacken. Rosmarin und Zitronenschale mit dem restlichen Olivenöl mischen und auf dem Gemüse verteilen. Die Pilze zusätzlich mit etwas Zitronensaft beträufeln. Das Gemüse 40 Minuten im Ofen backen, die Tomaten erst in den letzten 10 Minuten dazugeben. Die Ziegenkäse 5 bis 7 Minuten unter den Backofengrill gratinieren und mit etwas Oliven- oder Nussöl beträufelt zum Gemüse servieren.

Statt mit Ziegenkäse können Sie das Gemüse zu luftgetrocknetem Schinken, Salami, gegrilltem Fleisch oder Würstchen servieren, es schmeckt auch solo ganz köstlich.

Blumenkohl in scharfer Kokosnuss-Sauce

Für vier Personen:

1 Blumenkohl von etwa 1,4 kg

1 Zitrone

6 Esslöffel Erdnussöl

250 g kleine Champignons

2 Bund Frühlingszwiebeln

Salz, Pfeffer

1 Teelöffel Korianderkörner

1 Esslöffel mildes Madras-currypulver

1 1/2 Teelöffel rote thailändische Currypaste

2 Teelöffel Puderzucker

3 Esslöffel süße Chilisauce

4 Esslöffel Gemüsefond oder -brühe

4 Zuckerwürfel, am besten aus braunem Zucker

400 ml Kokosmilch

1 Limette

1 rote Chilischote

einige Korianderzweige

Den Blumenkohl putzen und in Röschen schneiden. Den Stiel der Champignons herausdrehen und wegwerfen (oder für eine Gemüsebrühe verwenden), die Köpfe mit einem trockenen Tuch abreiben. Die Frühlingszwiebeln putzen, das Grün abschneiden und den weißen Teil quer halbieren. Die Champignons und die Frühlingszwiebeln in einer großen Pfanne in 2 Esslöffeln Erdnussöl anbraten. Die gut abgetropften Blumenkohlröschen dazugeben. Mit Salz und Pfeffer würzen. Die Korianderkörner im Mörser fein zerstoßen, mit dem Currypulver mischen und zum Gemüse geben. Danach die Currypaste, den Puderzucker, die Chilisauce und den Gemüsefond zufügen und 10 bis 12 Minuten köcheln lassen, bis der Fond fast vollständig verkocht ist. Dann den Würfelzucker, die Kokosmilch und einige Spritzer Limettensaft untermischen und unter häufigem Rühren etwa 15 Minuten köcheln lassen.

In der Zwischenzeit die Chilischote der Länge nach halbieren, die Kerne entfernen und die Schote in feine Ringe schneiden. Die Korianderblättchen abzupfen. Die Limette in Scheiben schneiden. Der Blumenkohl nochmals abschmecken und mit Chili, Korianderblättchen und Limettenscheiben servieren.

Der asiatisch gewürzte Blumenkohl schmeckt am besten ganz pur nur mit Reis.

Dicke Bohnen

Dicke Bohnen, auch Saubohnen und Fave genannt, gibt es leider nur im Juni, Juli und manchmal bis Anfang August. Den Namen Saubohnen hat dieses köstliche Gemüse ganz und gar nicht verdient. Auch wenn man etwas Zeit investieren muss, bevor man die Bohnen genießen kann: es lohnt sich! Sie sind so zart und fein, dass Sie sofort zugreifen sollten, wenn sie angeboten werden.

Für vier Personen:

3 kg dicke Bohnen (ergeben etwa 600 g Bohnenkerne)
80 g durchwachsener Speck
60 g Schalotten
60 g Butter
Salz, Pfeffer
1/2 Bund glatte Petersilie
einige Stängel Bohnenkraut

Die Bohnen enthülsen, 3 Minuten in kochendem Salzwasser blanchieren, abschrecken und aus den Häutchen drücken. Das ist unbedingt notwendig, weil dieses letzte Häutchen um die Bohne ledrig und bitter schmeckt. Die Petersilien- und Bohnenkrautblättchen abzupfen und fein schneiden. Den Speck sehr fein würfeln, in etwas Öl knusprig ausbraten und auf Küchenkrepp abtropfen lassen. Die Schalotten fein würfeln und in der Butter in einer großen Pfanne glasig dünsten. Die Bohnen dazugeben und 5 bis 7 Minuten dünsten. Mit Salz und Pfeffer würzen, die gehackte Petersilie und den Speck unterheben. Die Bohnen schmecken solo sehr gut und passen auch perfekt zu Hühnerbrust, allen festfleischigen Fischen oder – ganz delikat – zu Jakobsmuscheln.

Bohnenkraut ist ein traditionelles Gewürz für Hülsenfrüchte, das den Eigengeschmack unterstreicht und sie leichter verdaulich macht. Es hat einen angenehmen, an Thymian oder Minze erinnernden, aber schärferen, pfefferähnlichen Geschmack.

Gratin aus Pfifferlingen, Tomaten und Lauch

Für vier Personen:

4 Lauchstangen

600 g Flaschentomaten

3 Knoblauchzehen

1 Bund Frühlingszwiebeln

1 Teelöffel Zucker

1 Zweig Petersilie

1 Zweig Thymian

1 Lorbeerblatt

Salz, Pfeffer

500 g Pfifferlinge

1 Esslöffel gewürfelte Schalotte

1 Esslöffel gehackte Petersilie

3 Esslöffel frisch geriebene Brotbrösel

30 g geriebener Parmesan

Olivenöl

Den Backofen auf 200 Grad vorheizen. Die Lauchstangen putzen und in sprudelnd kochendem Salzwasser 10 Minuten kochen. In eiskaltem Wasser abschrecken und auf Küchenkrepp abtropfen lassen. Die Stangen längs halbieren, aber nicht durchschneiden. Eine Gratinform mit 1 Esslöffel Olivenöl ausfetten und die Lauchstangen hineinbetten. Die Tomaten häuten, entkernen und in Würfel schneiden. Die Knoblauchzehen schälen und mit dem Messerrücken zerdrücken. Die Frühlingszwiebeln putzen und das Weiße fein hacken. In einer Pfanne 3 Esslöffel Olivenöl erhitzen und die Knoblauchzehen hellbraun braten, die Frühlingszwiebeln, den Zucker und die Tomatenwürfel dazugeben. Petersilie, Thymian und das Lorbeerblatt darauf legen. Mit Salz und Pfeffer würzen. 4 bis 5 Minuten bei mittlerer Hitze schwenken, dann die Kräuterzweige und das Lorbeerblatt wieder entfernen. Die Pfanne zur Seite stellen.

Die Schalotte fein würfeln. Die Petersilienblättchen abzupfen und fein schneiden. Die Pfifferlinge putzen, große Exemplare teilen, kleine ganz lasen. Die Pilze in 2 Esslöffeln Olivenöl 2 bis 3 Minuten anbraten und salzen. Die Schalotte dazugeben und kurz mitbraten. Die Petersilie einstreuen und 2 Minuten weiterbraten. Die Lauchstangen pfeffern, erst die Pfifferlinge, dann die Tomaten darauf verteilen. Erst mit den Brotbröseln und dann mit dem Parmesan bestreuen und 30 Minuten im Ofen überbacken.

Auf den Punkt gekochtes Gemüse gart durch das Abschrecken in eiskaltem Wasser nicht mehr weiter und behält seine schöne Farbe; ohne den Kälteschock würde es matschig werden.

Karotten-Ingwer-Püree

Es passt wunderbar zu gebratenem Hühnchenfilet und zu gebratenem oder gedünstetem Fisch.

Für vier Personen:

400 g Karotten

60 g Ingwer

2 Esslöffel Butter

1 Teelöffel Zucker

Salz, Pfeffer

1 getrocknete Chilischote

300 ml Geflügelfond

Die Karotten und den Ingwer schälen. Die Karotten in Scheiben schneiden, den Ingwer fein reiben. Beides in 1 Esslöffel Butter anschwitzen, mit dem Zucker bestreuen und leicht karamellisieren lassen. Mit Salz und Pfeffer würzen, den Geflügelfond dazugießen und bei mittlerer Hitze in etwa 20 Minuten weich kochen. Dabei ab und zu umrühren.

Wenn die Brühe eingekocht ist, die weich gekochten Karotten und den Ingwer mit der restlichen Butter in einem Mixer fein pürieren. Das Püree mit Salz, Pfeffer und der zerkrümelten Chilischote abschmecken.

Ingwer schmeckt nicht nur köstlich, ihm werden auch allerlei Heilkräfte nachgesagt. So soll er die Abwehrkräfte erhöhen, Erkältungen kurieren und die Leberfunktionen stärken. In manchen Kreisen wird er sogar als Heilmittel gegen nächtliches Alpdrücken verabreicht.

Ofengeschmorte Karotten

Für vier Personen:

3 Knoblauchzehen

1 Orange

1 Bund glatte Petersilie

1 Esslöffel Butter

750 g Karotten

Olivenöl

150 ml Weißwein

150 ml Gemüsebrühe

Salz, Pfeffer

Den Backofen auf 180 Grad vorheizen. Die Orangenschale abreiben. Die Knoblauchzehen schälen, mit den abgezupften Petersilienblättchen ganz fein hacken und mit der Orangenschale vermischen. Die Karotten schälen und in dünne Scheiben schneiden. Eine feuerfeste Form mit Butter ausstreichen und mit einem Teil der Knoblauch-Petersilien-Mischung bestreuen. 1 Lage Karottenscheiben darauf verteilen, salzen, pfeffern und mit etwas Olivenöl beträufeln. In dieser Reihenfolge weiterschichten, bis alle Zutaten aufgebraucht sind. Die Orange auspressen. Den Orangensaft, den Wein und die Brühe erhitzen und über die Karotten gießen. Sie sollen knapp mit Flüssigkeit bedeckt sein. Ein Stück Backpapier mit Wasser anfeuchten und das Gemüse damit abdecken. Die Karotten im heißen Ofen etwa 25 bis 30 Minuten garen, bis sie schön weich sind. Am besten mit einem spitzen Messer eine Garprobe machen.

Karotten und Orangensaft passen ausgezeichnet zusammen, die Orange intensiviert die Süße des Gemüses. Auch mit frischem Koriander harmonieren die Karotten bestens, verwenden Sie ihn anstelle der Petersilie. Wenn Sie das Gericht für Gäste kochen, sollten sie allerdings vorsichtig sein. Koriander teilt die Menschheit in zwei Gruppen: die eine liebt ihn, die andere schüttelt sich vor Abscheu.

Mangold mit Champignons und Pinienkernen

Für vier Personen:

750 g Mangold

30 g Pinienkerne

2 Schalotten

250 g Champignons

3 Esslöffel Olivenöl

100 ml trockener Sherry

Salz, Pfeffer

Zitronensaft

Den Mangold waschen und die grünen Blätter von den Stielen schneiden. Die Stiele putzen, dabei alle Fäden abziehen, wie bei Rhabarber. In mundgerechte Streifen schneiden und in Olivenöl andünsten, möglichst in einem flachen, weiten Topf, in dem sie viel Bodenkontakt haben und bequem im Olivenöl schmurgeln können. Salzen und pfeffern und zugedeckt etwa 12 Minuten dünsten, bis sie zart sind. Falls sie zu trocken sind, ein klein wenig Wasser dazugießen.

Die grünen Blätter aufeinander legen und in Streifen schneiden. Die Pinienkerne ohne Fett goldbraun rösten. Die Schalotten fein würfeln, die Champignons in Scheiben schneiden. Das Olivenöl in einer Pfanne erhitzen, Zwiebeln und Champignons kräftig anbraten und mit dem Sherry ablöschen. Die Mangoldstiele und die Mangoldblätter mit den Pinienkernen in die Pfanne geben, kurz durchschwenken, bis die Blätter zusammengefallen sind und mit Salz und Pfeffer und einem Spritzer Zitronensaft würzen.

Die dicken, breiten Stiele und die grünen Blätter des Mangold müssen unbedingt getrennt voneinander verarbeitet werden. Sie haben eine unterschiedliche Textur und verschiedene Garzeiten.

Geschmorter Chicorée mit Prosciutto

Für sechs Personen:

6–9 Chicoréestauden insgesamt etwa 750 g

3 Esslöffel Butter

60 g luftgetrockneter Schinken, in dünne Scheiben geschnitten

Salz, Pfeffer

120 ml Hühner- oder Gemüsebrühe

60–80 ml Sahne

Den Backofen auf 190 Grad vorheizen. Eine ofenfeste Form, in der die Stauden nebeneinander Platz haben, ausbuttern. Die Schinkenscheiben in 2 cm breite Streifen schneiden. Eventuell die äußeren Blätter der Chicoréestauden entfernen; sind sie fleckenlos und unversehrt, können sie dranbleiben. Jede Chicoréestaude längs halbieren und so viel wie möglich vom Strunk herausschneiden, ohne dass die Blätter auseinanderfallen.

2 Esslöffel Butter in einer großen, beschichteten Pfanne bei mittlerer Hitze schmelzen. So viele Chicoréehälften mit der Schnittfläche nach unten in die Pfanne legen, wie bequem Platz haben. Etwa 4 Minuten braten, bis sie gut gebräunt sind, dann umdrehen und von der anderen Seite 1 bis 2 Minuten bräunen. Den Chicorée mit der Schnittfläche nach oben in die feuerfeste Form legen. Den restlichen Chicorée genauso braten und in die Form betten. Den Schinken in die Pfanne geben, bei milder Hitze kurz in der Butter wenden und über dem Chicorée verteilen. Alles leicht salzen und pfeffern. Mit der Brühe den Bratensatz in der Pfanne loskochen und über das Gemüse geben. Die Form dicht mit Alufolie verschließen und im Backofen etwa 30 bis 35 Minuten schmoren, bis der Chicorée zusammengefallen ist und sich beim Einpiksen mit einem Messer weich anfühlt. Die Folie entfernen und den Chicorée mit der entstandenen Schmorflüssigkeit beschöpfen. Falls nicht genügend Flüssigkeit vorhanden ist, 2 Esslöffel Wasser zugeben. Weitere 8 bis 10 Minuten unbedeckt schmoren, bis der Bratensaft fast völlig verdampft ist. Nun die Sahne darüber gießen und weitere 6 Minuten schmoren, bis die Sauce andickt. Wird das Gemüse als Hauptgericht mit einem Kartoffelpüree serviert, reicht es gut für 3 bis 4 Personen. Als Beilage zu Schmorbraten oder Wild bekommen Sie mit dieser Menge 6 Personen satt.

Wenn Sie ihn bekommen, sollten Sie dieses Gericht mit Radicchio di Treviso zubereiten. Sein zartbitterer Geschmack ist von Dezember bis April zu genießen. Er ist mit dem Chicorée und der Endivie verwandt. Mit seinen dunkelrot und weiß marmorierten, länglichen Blättern ist er der Angesehenste dieser Familie und in Italien eine hochgeschätzte Delikatesse.

Broccoli mit gerösteten Mandeln, Kreuzkümmel und Koriander

Für vier Personen:

1 großer Broccoli

Salz

3 Esslöffel Olivenöl

1 Esslöffel Butter

2 Teelöffel Kreuzkümmel

2 Teelöffel Korianderkörner

1 getrocknete rote Chilischote

50 g ganze Mandeln

1 Zitrone

Den Broccoli putzen, die Röschen dicht am Strunk abschneiden. Den Strunk schälen und in Scheibchen schneiden. Röschen und Stiel in kochendem Salzwasser etwa 3 bis 5 Minuten blanchieren, der Broccoli sollte auf jeden Fall noch Biss haben. In einem Sieb gut abtropfen lassen.

Den Backofen auf 200 Grad vorheizen. Die Mandeln mit kochendem Wasser überbrühen und kurz ziehen lassen. Dann schälen und mit einem Messer oder in der Küchenmaschine grob hacken. Den Kreuzkümmel, den Koriander und die Chilischote mit einer Prise Salz im Mörser fein zerstoßen, die Gewürze mit den Mandeln mischen. Die Zitronenschale reiben, die Zitrone auspressen. Eine feuerfeste Auflaufform erhitzen und die Gewürz-Mandelmischung ohne Fett 3 Minuten rösten, den Broccoli, die Butter und das Olivenöl dazugeben. Sobald der Broccoli etwas angebräunt ist, die Schale und den Saft der Zitrone untermischen und noch 1 Minute weiterbraten. Die Form in den Ofen schieben und 15 Minuten backen.

Es empfiehlt sich, für dieses Gericht die Mandeln selbst zu schälen und zu hacken. Sie haben unvergleichlich mehr Aroma als ihre trockenen und faden Verwandten aus der Tüte.

Kürbisse mit Kartoffeln und Pancetta gefüllt und im Ofen gegart

Für vier Personen:

500 g Kartoffeln

150 g Pancetta in Scheiben

2 Schalotten

3 Knoblauchzehen

1/2 Bund Thymian

2 kleine Hokkaido-Kürbisse

2 getrocknete Chilischoten

4 Esslöffel Olivenöl

100 ml Weißwein

Salz, Pfeffer, Muskat

Den Backofen auf 220 Grad vorheizen. Die Kartoffeln schälen und in 2 cm große Stücke, den Pancetta in feine Streifen schneiden. Schalotten und Knoblauchzehen fein würfeln. Die Thymianblättchen abzupfen.

Von den Kürbissen einen Deckel abschneiden. Die Kerne und die trockenen Fasern mit einem Löffel herausschaben. Die Kürbisse mit Salz, Pfeffer und den zerkrümelten Chilischoten würzen. Ein Backblech mit Alufolie auslegen, die Kürbisse innen und außen mit Öl einpinseln, auf das Blech setzen und 15 Minuten im heißen Ofen garen.

Die Kartoffelstücke in Salzwasser 10 Minuten kochen, abgießen. In der Zwischenzeit den Pancetta in Olivenöl anbraten, die Schalotten und den Knoblauch dazugeben, glasig braten und mit dem Weißwein ablöschen. Mit den Kartoffeln, dem Thymian und dem restlichen Olivenöl vermischen. Mit Salz, Pfeffer und Muskat würzen. Die Kartoffeln in die Kürbisse füllen und für weitere 30 bis 40 Minuten im Ofen garen, bis das Kürbisfleisch ganz weich ist und sich leicht mit einer Gabel einstechen lässt. Die Kürbisse in der Mittel teilen und jedem Esser eine Hälfte servieren.

Das Besondere der Hokkaido-Kürbisse ist ihre leuchtend orangefarbene Schale, die beim Garen so weich wird, dass man sie mitessen kann.

Gebratene Spitzkohlplätzchen

Für vier Personen:

500 g Kartoffeln

1 kleiner Spitzkohl,
ca. 600 g

100 g durchwachsener
Speck

1 Schalotte

70 g Butter

etwas Gemüsebrühe

Salz, Pfeffer, Muskat

Die Kartoffeln schälen, vierteln und in Salzwasser gar kochen.

In der Zwischenzeit die äußeren Blätter vom Kohl entfernen, den Kopf vierteln und in feine Streifen schneiden, dicke Blattrippen entfernen. Den Speck und die Schalotte fein würfeln. Die Kohlstreifen 1 Minute in kochendem Salzwasser blanchieren, abgießen und mit eiskaltem Wasser abschrecken. Die Speckwürfel in 20 g Butter anbraten, die Zwiebelwürfel dazugeben und glasig braten. Den gut abgetropften Spitzkohl und 4 Esslöffel Gemüsebrühe zu den Zwiebeln geben und 5 Minuten im geschlossenen Topf dünsten, bis die Flüssigkeit verdampft ist. Den Kohl mit Salz, Pfeffer und Muskat würzen.

Die Kartoffeln abgießen und durch die Kartoffelpresse drücken. Den Spitzkohl unterheben. Die Masse in 8 Kugeln teilen. Die restliche Butter in einer Pfanne erhitzen. Die Kugeln mit einem Spatel flach drücken und bei mittlerer Hitze langsam goldbraun braten, dabei einmal wenden. Am besten arbeiten Sie in 2 Durchgängen und halten die fertigen Spitzkohlplätzchen im 100 Grad heißen Backofen warm.

Die Spitzkohlplätzchen passen hervorragend zu allen Schmorgerichten mit Sauce, zu Wild und kurzgebratenem Rinderfilet – und sie machen sich gut als Solisten, z. B. mit einem nussigen Feldsalat.

Rosenkohlpüree

Für vier Personen:

500 g Rosenkohl

125 g Crème fraîche

Zitronensaft

Salz, Muskat, Cayennepfeffer

Den Rosenkohl putzen, die äußeren Blättchen entfernen und die Strünke abschneiden. Die Röschen in kochendem Salzwasser garen. Das dauert bei mittelgroßen Röschen etwa 12 Minuten. Die Röschen in ein Sieb gießen, in eiskaltem Wasser abschrecken und abtropfen lassen. Anschließend mit einem schweren Messer klein hacken, aber nicht zu fein, es schmeckt viel besser, wenn die Röschen noch Biss haben. Mit der Créme fraîche mischen und mit Cayennepfeffer, Muskat, Salz und einigen Spritzern Zitronensaft würzen. Das Ganze in einem Topf noch einmal kurz erhitzen, aber nicht mehr kochen lassen.

Auf den Punkt blanchiertes Gemüse bleibt durch das Abschrecken in eiskaltem Wasser bissfest und knackig, ohne den Kälteschock würde es weitergaren und zu weich werden. Außerdem behält es seine schöne Farbe.

Besonders köstlich schmeckt es, wenn Sie zum Schluss etwas frisch geriebenen Meerrettich unter das Püree mischen.

Mediterranes Kartoffelpüree

Für vier Personen:

1 kg vorwiegend festkochende Kartoffeln

4 Schalotten

2 Knoblauchzehen

1 Bund Basilikum

100 g getrocknete Tomaten, in Öl eingelegt

50 g Pinienkerne

100 ml Olivenöl

Zitronensaft

Salz, Pfeffer

Die Kartoffeln schälen, waschen und in Salzwasser garen. Die Schalotten fein würfeln, den Knoblauch in dünne Scheiben schneiden, die Basilikumblätter grob zerzupfen, die Tomaten hacken.

Die Pinienkerne ohne Fett in einer Pfanne rösten. Die Schalotten und den Knoblauch in 2 Esslöffeln Olivenöl glasig dünsten, dann das restliche Öl dazugießen und erwärmen.

Die Kartoffeln abschütten, das Schalotten-Knoblauch-Öl darüber gießen und die Kartoffeln grob stampfen. Die Pinienkerne, die gehackten Tomaten und das Basilikum untermischen. Mit Salz, Pfeffer und 3 Teelöffeln Zitronensaft abschmecken.

Mit fruchtigem Olivenöl zubereitet, ist dieses Püree eine wahre Aromaexplosion. Es passt, wie der Name schon sagt, zu allen kurzgebratenen Fisch- und Fleischgerichten mit mediterranem Einschlag. Wer mag, kann den Zitronensaft durch kleingehackte Kapern ersetzen.

Ofenkartoffeln mit Kräutern

Für vier bis sechs Personen:

1,5 kg etwa gleich große Kartoffeln

grobes Meersalz, Pfeffer

je einige Zweige Rosmarin, Thymian und Salbei

einige frische Lorbeerblätter

3 Knoblauchzehen

100 ml Olivenöl

Den Backofen auf 175 Grad vorheizen. Die Kartoffeln schälen und achteln und auf einem tiefen Backblech oder in einer großen Auflaufform verteilen. Mit Salz und grob gemahlenem Pfeffer würzen. Die Rosmarinnadeln grob hacken und mit den Salbei- und Thymianblättchen vermischen. Die Knoblauchzehen mit dem Messerrücken andrücken und mit den Kräutern und den Lorbeerblättern zwischen den Karoffeln verteilen. Alles mit Olivenöl beträufeln. Die Kartoffeln etwa 1 Stunde backen, nach der Hälfte der Zeit wenden, damit sie rundum schön braun werden.

Die Kartoffeln passen zu kurzgebratenen oder gegrilltem Fleisch und Fisch und zu geschmorten Fleischstücken. Eigentlich ist aber nichts weiter nötig als eine große Schüssel bunter Salat.

Bratkartoffeln aus rohen Kartoffeln

Für vier Personen:

8 mittelgroße Kartoffeln

2 Esslöffel Mehl

3 Esslöffel Olivenöl

Salz, Pfeffer

1 Bund Schnittlauch

Die Kartoffeln schälen, sehr grob raspeln und mit dem Mehl bestäuben. Gut vermengen, damit alle Streifen vom Mehl überzogen sind. Das Öl in einer großen Pfanne erhitzen. Die Kartoffelraspel hinzufügen und sehr langsam auf mildem Feuer braten, dabei immer wieder wenden, damit sie rundum schön braun werden. Die Kartoffeln dürfen nicht zu hoch in der Pfanne liegen; lieber in mehreren Schichten braten und die fertigen Portionen im Backofen bei 100 Grad warmhalten. Unmittelbar vor dem Servieren mit Salz und Pfeffer würzen und die Schnittlauchröllchen darüber streuen.

Die Kartoffeln schmecken besonders gut zu gekochtem Fleisch, zu Frikadellen und zum oberhessischen Wurstsalat von Peter Nowak auf Seite 57. Anstelle von Schnittlauch können Sie frischen Majoran oder Kerbelblättchen verwenden. Auch mit Kümmel schmecken die Bratkartoffeln lecker, aber daran scheiden sich wieder die Geschmäcker.

Gisela Wong kommt aus einer alten Gärtnerfamilie in Oberrad, ihr Ehemann Mr. Wong stammt aus Malaysia. Und so hat es sich ergeben, dass in den Oberräder Gewächshäusern asiatische Gemüse angebaut werden. Paksoi, Wasserspinat mit dem schönen Namen Morning Glory, Chrysanthemensalat, Amaranthspinat und Balsambirne – deren Blätter als Aufguss bei Magenproblemen helfen – gedeihen ganz prächtig im deutschen Klima. Mr. Wong ist nicht nur Gärtner, sondern auch begeisterter Koch, und so verkaufen die Wongs, auf dem Foto links sehen Sie Herrn Wong Junior, in der Kleinmarkthalle alle Zutaten, Gewürze, Saucen und Pasten, die man für die asiatische Küche braucht. Die Mischung, die das Hühnchencurry auf Seite 172 würzt, genauso wie spezielle Currymischungen für Lamm, Rind und Fisch importiert er exklusiv für seinen Laden aus Malaysia. Die passenden Gemüse, Sprossen und Kräuter gibt's bei Franz Olbrich, Gisela Wongs Bruder, am gegenüberliegenden Stand.

Mr. Wong's Paksoi mit Ingwer, Knoblauch und Austernsauce

Für vier Personen:

4 mittelgroße Paksoistauden

2 Esslöffel Erdnuss- oder Sojaöl

2 feingehackte Knoblauchzehen

2 Esslöffel Austernsauce

1 Teelöffel Sesamöl

1/2 Teelöffel Zucker

Den Paksoi der Länge nach vierteln, größere Stauden achteln. Den Strunk nicht abschneiden, sodass die Blätter zusammenhalten. Wasser in einem ausreichend großen Topf aufkochen. Den Paksoi ins kochende Wasser geben und 2 bis 3 Minuten blanchieren, dass er eben gar, aber noch bissfest ist. Abgießen und gut abtropfen lassen. Das Öl in einer großen Pfanne oder im Wok erhitzen, den Knoblauch anbraten. Die Austernsauce, Zucker, 2 Esslöffel Wasser und das Sesamöl zugeben. Die Sauce einmal aufkochen lassen und über den Paksoi gießen. Das Gemüse in der Sauce wenden und sofort servieren.

Paksoi mit Kokosmilch und Limette

Für vier Personen:

4 mittelgroße Paksoistauden

1 Esslöffel Erdnussöl

2 Esslöffel Kurkuma

1 Teelöffel Salz

200 ml Kokosmilch

100 ml Wasser

1 Esslöffel Limettensaft
oder 4 Kaffirzitronenblätter

Den Paksoi der Länge nach teilen. Das Öl in einer Pfanne, die gerade groß genug ist für die Paksoistauden, bei mäßiger Hitze erwärmen. Kurkuma und Salz etwa 1 Minute unter Rühren braten. Den Paksoi dazugeben, es darf ruhig ein bisschen eng sein in der Pfanne. Die Kokosmilch mit dem Wasser mischen und über den Paksoi gießen. Die Stauden sollen von der Sauce knapp bedeckt sein, sonst noch etwas Kokosmilch und Wasser zugießen. Die Pfanne zudecken, den Paksoi bei mittlerer Hitze 12 Minuten köcheln, nach der Hälfte der Zeit wenden und den Limettensaft oder die Zitronenblätter dazugeben.

Mit Reis können Sie das Gemüse als komplettes Gericht servieren. Es passt aber auch als Beilage zu gebratenem Huhn oder Fisch.

Wasserspinat mit Garnelenpaste

Das Gericht kommt aus Zentralthailand, wo der Wasserspinat an Flüssen und Kanälen üppig gedeiht und auf jedem Markt bergeweise angeboten wird. Der Wasserspinat gehört zur Familie der Windengewächse und braucht ein warmes, feuchtes Klima. Hauptanbaugebiete sind Japan, China, Taiwan, Indonesien, Malaysia, Thailand, Vietnam und Teile Afrikas sowie Australiens und Kaliforniens.

Für vier Personen:

500 g Wasserspinat

4 kleine rote Chilischoten

2 Knoblauchzehen

2 Esslöffel Erdnussöl

1 Teelöffel Garnelenpaste

4 Esslöffel trockenen Sherry
oder Gemüsebrühe

1 Esslöffel helle Sojasauce

1 Prise Zucker

Den Spinat waschen, gut abtropfen lassen und mit den Stielen in 5 cm lange Stücke schneiden. Die Chilischoten längs aufschneiden, Kerne und Rippen entfernen, die Schote fein hacken. Die Knoblauchzehen in feine Scheibchen schneiden. Das Öl in einem Wok erhitzen, Garnelenpaste, Knoblauchscheiben und die gehackte Chilischote anbraten, dann den Spinat unterheben. Sherry oder Brühe dazugießen und den Spinat bei mittlerer Hitze köcheln lassen, bis die Stiele weich sind. Mit Sojasauce und Zucker würzen. Etwa 1 Minute unter Rühren braten und mit Sojasauce abschmecken.

Ahmed Jaddy und sein Sohn Mohamed sind zu Recht stolz auf ihr Fleisch, das aussieht wie gemalt: dunkelrotes, fein marmoriertes Côte de Boeuf, das seit vier bis fünf Wochen abhängt und mit jedem Tag mürber und zarter wird. Roastbeef und Rumpsteaks verbringen sechs Wochen, Rinderfilets drei Wochen im Kühlraum, bevor sie in die Verkaufstheke kommen. Daneben liegen die schönsten Teile vom Lamm, marinierte Lammspieße und pikant gewürzte Lammbuletten, die nur noch auf den Grill oder in die Pfanne gelegt werden müssen. Auch das Lammhack für die Orientalischen Frikadellen auf Seite 156 bekommen Sie hier stets frisch, sowie wunderbar gewürzte Merguez aus eigener Produktion. Merguez ist eine grobe, scharfe, rohe Bratwurst aus Lammfleisch. Kreuzkümmel, Paprika, Knoblauch, Harissa und Pfeffer sorgen für den unverwechselbaren Geschmack. Die Merguez stammt ursprünglich aus Nordafrika, ist mittlerweile aber auch in Frankreich und Spanien populär.

Côte de Boeuf

Für zwei Personen:

1 Stück Côte de Boeuf,
ca. 3–4 cm dick, etwa 600 g

1 Zweig Rosmarin

etwa 10 frische Salbeiblätter

Pflanzenöl

4 Esslöffel gute Rinderbrühe
oder -fond

Butter

Portwein

1 Schalotte

weißer Balsamico

1 Esslöffel eiskalte
Butterstückchen

Pfeffer, Fleur de Sel

Das Öl in einer Pfanne erhitzen. Das Côte de Boeuf auf jeder Seite 3 Minuten anbraten, bis es goldbraun geworden ist. Das Fleisch aus der Pfanne nehmen und mit dem Rosmarinzweig und den Salbeiblättern in einem Bräter circa 10 Minuten in dem auf 90 Grad vorgeheizten Backofen garen. Das Fleisch ist dann medium gebraten, wer es blutig oder durch haben will, muss die Garzeit entsprechend verlängern oder verkürzen. Während das Fleisch im Ofen schmort, eine Schalotte sehr fein würfeln und in der Fleischpfanne glasig braten, eventuell noch etwas Öl dazugeben. Das Ganze mit einem Schuss Portwein ablöschen, etwas Fond oder Rinderbrühe dazugeben und circa 5 Minuten einköcheln lassen. Mit Pfeffer, Fleur de Sel und einem Schuss weißen Balsamico würzen. Damit sie eine angenehm sämige Konsistenz erhält, rührt man zum Schluss kalte Butterstückchen in die Sauce, die dann nicht mehr kochen darf.

Ganz ausgezeichnet schmeckt das Fleisch mit zarten, in Weißwein gegarten italienischen Perlzwiebeln, den Cipolline. Das Rezept dafür finden Sie auf Seite 20.

   Tipp von Mohamed Jaddy: Das Fleisch ist herrlich zart und rosa, wenn es eine Innentemperatur von 50 Grad erreicht hat. Profis fühlen das an der Konsistenz des Fleischs. Wer diese Professionalität erst anstrebt, misst die Temperatur des Fleischs mit einem Fleischthermometer. Es wird am besten von der Seite aus in die Mitte des Fleischs durchgesteckt, auf der Skala lässt sich der Gargrad ablesen.

Pochiertes Rinderfilet mit Salsa Verde

Für vier Personen:

600 g Rinderfilet

Für den Gemüsefond:

2 Karotten

2 Selleriestangen

1 kleine Lauchstange

1 große Zwiebel

2 Teelöffel Meersalz

2 Lorbeerblätter

2 Thymianzweige

4 Petersilienstängel

2 Zitronenscheiben

500 ml trockener Weißwein

Für die Salsa Verde:

1 Knoblauchzehe

1 Esslöffel kleine Kapern

3 in Öl eingelegte Sardellenfilets

1/2 Bund glatte Petersilie

1 Bund Basilikum

1 Handvoll frische Minzeblätter

1 Esslöffel Dijonsenf

2 Esslöffel Rotweinessig

5 Esslöffel Olivenöl

Meersalz, Pfeffer

Für den Gemüsefond oder Court-Bouillon, wie er in der Gastronomensprache heißt, die Karotten, Selleriestangen, den Lauch und die Zwiebel in Stücke schneiden und in 2 l Wasser mit dem Salz, den Kräutern und den Zitronenscheiben zum Kochen bringen und 20 Minuten sachte kochen. Danach den Weißwein zufügen und weitere 15 Minuten köcheln. Die Brühe durch ein Sieb gießen und wieder aufkochen. Das Rinderfilet an 2 Stellen mit Küchengarn umwickeln und 2 Schlaufen knoten. Einen Kochlöffel durch die Schlaufen ziehen und das Filet an dieser Konstruktion in den Fond hängen. Das Fleisch soll frei im Fond schweben, damit es ganz gleichmäßig gart. Das Filet bei milder Hitze 10 Minuten pochieren – dann ist das Fleisch noch rosa, wer es durch haben will, muss es länger pochieren. Das Fleisch in 4 Scheiben schneiden und mit der Salsa Verde servieren.

Für die Salsa Verde den Knoblauch, die Kapern, Sardellenfilets und Kräuter sehr fein hacken und in eine Schüssel geben. Den Senf und den Essig unterrühren. Jetzt langsam und in dünnem Strahl das Olivenöl untermischen, bis die Sauce die richtige Konsistenz hat. Sie soll schön sämig sein.

Roastbeef-Involtini mit Pestofüllung

Für vier Personen:

25 g Pinienkerne

1 Bund Basilikum

1/2 Bund Sauerampfer

100 g Pancetta

100 ml Olivenöl

1 Knoblauchzehe

100 g Pecorino

8 Scheiben Roastbeef
à 80 bis 90 g

Salz, Pfeffer

Die Pinienkerne ohne Fett in einer Pfanne rösten. Die Basilikum- und Sauerampferblättchen grob zerkleinern. Die Pancetta in sehr feine Würfel schneiden und in 1 Esslöffel Olivenöl bei milder Hitze ausbraten. Die Speckwürfel auf Küchenpapier abtropfen lassen. 20 g Pecorino fein reiben. Die Knoblauchzehe grob hacken und mit dem geriebenen Pecorino, den Pinienkernen und 8 Esslöffeln Olivenöl im Mixer fein pürieren. Das Basilikum und den Sauerampfer dazugeben und kurz mitpürieren.

8 Scheiben Roastbeef zwischen Klarsichtfolie 3 bis 4 Millimeter dünn klopfen, nebeneinander legen und mit Salz und Pfeffer würzen. Die Scheiben mit dem Pesto bestreichen und den Speck darauf verteilen. Die langen Seiten der Scheiben links und rechts knapp einklappen damit die Füllung nicht herausquillt, aufrollen und mit einem Zahnstocher fixieren. Die Involtini im restlichen Olivenöl rundum 3 Minuten anbraten. Im 220 Grad heißen Ofen 5 Minuten braten, herausnehmen und mit Alufolie bedeckt vor dem Servieren 5 Minuten ruhen lassen. Mit dünn gehobelten Pecorinospänen servieren.

Eine Kombination aus der klassischen Rinderroulade und den italienischen Involtini – originell und schnell zubereitet.

Es hat beinahe etwas Kontemplatives, wenn der freundliche Herr Röder inmitten seiner Auslagen aus eng gestapelten Bechern mit Milchprodukten, Käselaiben und von der Decke baumelnden oberhessischen Würsten an seiner kleinen Kochplatte steht und sehr bedächtig und hingebungsvoll Frikadellen brät. Die Klopse verströmen einen mundwässernden Duft und es ist nicht verwunderlich, dass sie schnell verkauft sind an Stammkunden oder flanierende Gourmets, die dem appetitlichen Geruch einfach nicht widerstehen können. An sein Debüt in der Kleinmarkthalle kann sich Werner Röder noch sehr genau erinnern. Es war im November 1989, am ersten Sonntag nach der Maueröffnung. Die landesweite Euphorie hatte auch die Händler angesteckt und so kam es zum einzigen verkaufsoffenen Sonntag, den es je in der Kleinmarkthalle gegeben hat.

Das Geheimnis der knusprigen Frikadellen

Für 15 Frikadellen:

1 kg Hackfleisch von Rind und Schwein zu gleichen Teilen

4 altbackene Brötchen

3 große oder 4 mittlere Eier

1 große Gemüsezwiebel

Salz, Pfeffer

Pflanzenöl

Die Brötchen in kaltem Wasser einweichen, bis sie sich vollgesogen haben und ganz weich sind. Alles Wasser ausdrücken und entweder sehr fein zerzupfen oder, noch besser, durch den Fleischwolf drehen. Die Brotmasse zum Hackfleisch geben. Die Gemüsezwiebel fein hacken und in Öl andünsten, sie sollen nur glasig werden, aber nicht bräunen. Die Zwiebeln abkühlen lassen und ebenfalls zum Hackfleisch geben. Die Masse mit den Eiern, Salz und Pfeffer gründlich vermischen. Das geht am besten mit den Händen. Den Teig nochmals abschmecken, er soll kräftig gewürzt sein, und schöne, gleichmäßige Frikadellen formen. Die Buletten, und das ist das Geheimnis von Herrn Röder, müssen ganz langsam und geduldig in neutralem Pflanzenöl bei mäßiger Hitze ausgebacken werden. Jede Seite braucht etwa 20 Minuten, bis sie herrlich braun und knusprig ist.

Zwar nicht mehr ganz so klassisch, aber sehr würzig und aromatisch, schmeckt es, wenn Sie getrocknete Steinpilze und fein gehackte Petersilie zum Fleischteig geben. Dafür eine Handvoll getrocknete Steinpilze 1/2 Stunde in lauwarmem Wasser einweichen, danach gut ausdrücken, klein hacken und untermischen. Die Petersilie ebenfalls fein hacken, zusammen mit der Zwiebel andünsten und beides abgekühlt zum Hackfleisch geben.

Geschmorte Ochsenbacken

Für vier Personen:

2 Ochsenbacken,
vom Metzger die dicke Haut-
schicht entfernen lassen

0,75 l kräftiger Rotwein,
Pinot Noir oder Gigondas

3 Esslöffel Aceto Balsamico

5 mittelgroße Zwiebeln

2 Stangen Staudensellerie

1 Karotte

1 Bund Petersilie

1 Bund Thymian

1 Esslöffel schwarze
Pfefferkörner

1/2 Teelöffel Fenchelsamen

1/2 Teelöffel Korianderkörner

1 Lorbeerblatt

Salz, Pfeffer

etwas Mehl

Olivenöl zum Braten

1 Esslöffel Tomatenmark

Dei Zwiebeln schälen und vierteln, den Staudensellerie und die Karotte klein schneiden, die Kräuter waschen. Die Ochsenbacken mit Salz einreiben und in einer Schüssel mit Rotwein, Balsamico, dem klein geschnittenen Gemüse, den Kräutern und Gewürzen vermischen. Mindestens 48 Stunden, wenn möglich bis zu einer Woche zugedeckt im Kühlschrank marinieren.

Das Fleisch aus der Marinade nehmen, trocken tupfen, pfeffern, leicht mehlieren und in einem Bräter in Olivenöl rundum anbraten. Die Zwiebeln und Gemüsestücke aus der Marinade fischen, trocken tupfen und mit anbraten. Wenn die Gemüse Farbe angenommen haben, das Tomatenmark hinzugeben und kurz anrösten. Die Marinade angießen, sodass Fleisch und Gemüse knapp bedeckt sind, und aufkochen. Das Fleisch zugedeckt bei 130 Grad 4 Stunden schmoren, zwischendurch wenden und bei Bedarf noch etwas Wein oder Wasser zugießen. Das Fleisch herausnehmen und warmstellen. Die Sauce passieren und mit Salz, Pfeffer, Balsamico und eventuell einem Schuss Portwein abschmecken. Die Backen mit der Sauce überziehen und mit Salzkartoffeln, Kartoffelgratin oder Kartoffelgnocchi servieren.

Die marinierten Ochsenbacken sind ein herrliches Wintergericht, schön würzig, und so sanft geschmort, dass sie auf der Zunge zergehen. Ein solches Bratenstück braucht naürlich seine Zeit, es ist also das richtige Essen fürs Wochenende, wenn man Muße hat und Freunde bewirten möchte.

Ochsenschwanzragout in Rotwein geschmort

Für vier Personen:

etwa 1 1/2 kg Ochsen-
schwanz, vom Metzger in
Stücke teilen lassen

2 Zwiebeln

1 Lauchstange

1 große Karotte

2 Tomaten

2 Esslöffel Olivenöl

1 Esslöffel Zucker

2 Lorbeerblätter

1 Zweig Thymian

1 Esslöffel Tomatenmark

750 ml trockener, kräftiger
Rotwein

1/4 l Madeira

Den Backofen auf 150 Grad vorheizen. Die Zwiebeln, das Weiße der Lauchstange, die Karotte und die Tomaten fein würfeln. Die Ochsenschwanzstücke mit Salz und Pfeffer einreiben. In einem Schmortopf das Öl erhitzen und das Fleisch von allen Seiten hellbraun anbraten.

Das Fleisch an den Rand des Bräters schieben, das Gemüse hineingeben und bei mittlerer Hitze und häufigem Rühren etwa 15 Minuten braten, mit Salz und Pfeffer würzen. Den Zucker zugeben und leicht karamellisieren lassen. 2 Tassen Wasser dazugießen und vollständig verkochen lassen. Das Tomatenmark und 200 ml Rotwein angießen und ebenfalls vollständig einkochen lassen. Weitere 200 ml Rotwein und den Madeira zugießen. Die Lorbeerblätter und den Thymianzweig in den Bräter legen. Das Fleisch zugedeckt in den heißen Ofen schieben und mindestens 4 Stunden schmoren lassen (auch 5 Stunden sind bei der niedrigen Temperatur kein Problem). Das Fleisch öfter wenden und nach und nach den Rest des Rotweins angießen. In den letzten 15 Minuten den Deckel abnehmen und die Sauce auf dem Herd bei kräftiger Hitze reduzieren und abschmecken. Mit Kartoffelpüree oder breiten Bandnudeln servieren.

Achten Sie darauf, nur die fleischigen Stücke vom oberen Teil des Ochsenschwanzes zu nehmen. Die unteren Teile, mit wenig Fleisch und viel Knochen, eignen sich nur für Brühen und Saucenfonds.

Herr Ullmann führt all die Fleischstücke, die man für ein ordentliches Sauerkrautgericht braucht: Haspel und Rippchen vom Kamm oder Stiel, Kleinsolber, Schinkensolber, Leiterchen, gesalzener Schweinefuß und Wellfleisch. Daneben gibt es Fleisch für den Sonntagsbraten, saftiges Kochfleisch, Spanferkel, riesige Kalbshaxen mit einem Gewicht zwischen 2,5 und 3 kg, Kalbs- und Rind erbacken, Spießbraten und eine große Auswahl an Innereien: Zunge, Herz, Lunge, Niere, Hirn, Magen und Milz, außerdem japanische Spezialitäten wie Sukiyaki und Kalbi.

Herrn Ullmanns Rezept für saftigen Tafelspitz

Für vier bis sechs Personen:

Mark- und Sandknochen

1 Bund Suppengrün

1 Kräuterstrauß aus Petersilienstielen, Lorbeerblättern, Thymianzweigen

10 Pfefferkörner

5 Pimentkörner

1 Esslöffel Salz

1 kg Tafelspitz

Herr Ullmann kocht zuerst eine Brühe aus Knochen und Kräutern in der später das Fleisch siedet. Dafür die Knochen waschen, das Suppengrün putzen und grob würfeln und in 2 l Wasser mit dem Kräuterstrauß und den Gewürzen etwa 1 Stunde kochen. Die Brühe anschließend durch ein Sieb gießen. Nun das Rindfleisch in die Brühe legen, aufkochen und sanft unterhalb des Siedepunkts etwa 2 Stunden simmern lassen (der Schaum, der sich dabei entwickelt, muss nicht abgeschöpft werden, es ist Eiweiß, das die Brühe klärt). Das Fleisch aus der Brühe nehmen und quer zur Faser aufschneiden. Ideal dazu sind Salzkartoffeln und Meerrettichsauce.

Geeignet für dieses Rezept ist auch anderes Rindfleisch zum Kochen: Hochrippe, Ochsenbrust, dicker Bug, Schaufelbug, Wade oder das Bürgermeisterstück – so genannt, weil das gute Stück früher für den mächtigsten Mann im Dorf reserviert wurde. Ein Stück aus dem vorderen Teil der Hochrippe, ein Stück vom Brustkern und die Wade sind Teile, die nach dem Kochen herrlich saftig bleiben. Empfehlenswert ist auch ein Stück aus der Schulter, nämlich die Schulternaht, auch flacher Bug genannt, mit einer schmalen Gallertschicht in der Mitte.

Wenn Sie Tafelspitz zubereiten, empfiehlt Herr Ullmann folgenden Trick: Das dünne Ende des Fleischstücks, die Spitze, wird leicht zu trocken, weil sie schneller gart als das dickere Fleischstück. Deshalb heben Profis die Spitze mittels Küchengarn und einem Kochlöffel zunächst aus dem Topf und lassen sie erst in den letzten 30 Minuten mitköcheln.

Meerrettichsauce

Für vier Personen:

75 g Butter

75 g Mehl

150 ml Sahne

75 g Meerrettich

Zitronensaft

1 Bund Schnittlauch

Salz, Zucker

Den Meerrettich fein reiben. Den Schnittlauch in Röllchen schneiden. Die Butter in einem Topf schmelzen, das Mehl zugeben und leicht anschwitzen. 1/2 l von der Fleischbrühe durch ein Sieb gießen und das Mehl damit ablöschen, alles glatt rühren und etwa 10 Minuten leicht köcheln. Die Sahne untermischen, einmal aufkochen, dann den Meerrettich zufügen und mit Salz, Zucker und Zitronensaft abschmecken. Das Fleisch mit der Meerrettichsauce überziehen und die Schnittlauchröllchen darüber streuen.

Gislinde Lapp von der Bioland Metzgerei auf der Galerie steht gerne in der Küche. Schnippeln und Brutzeln findet sie entspannend und kreativ. Kürzlich hat sie einen exotischen Mango-Fenchel-Salat erfunden, mit saurer Sahne, Balsamico, gerösteten Pinienkernen und Cayennepfeffer, der sogar die eher konservativen Geschäftsfreunde ihres Mannes begeisterte. Für die Tiefkühlpizza- und Fastfoodfraktion, die solche Erfolgsmomente nicht erlebt, hat sie nur ein mitleidiges Kopfschütteln übrig.

Zu ihrer Lieblingslektüre gehören Kochbücher. Die alte, abgegriffene Kladde „Das neue Kochbuch für die deutsche Küche" schätzt sie besonders. Es geht auf die berühmte Henriette Davidis zurück, nach deren Anweisungen Generationen junger Frauen das Kochen erlernten. Aus diesem Erbstück ihrer Mutter empfiehlt Gislinde Lapp das Rezept für einen Schweinekrustenbraten. Es lüftet das Geheimnis, wie die Schwarte kross wird und das Fleisch trotzdem zart und saftig bleibt: Die Keule muss vor dem Braten in Wasser gedünstet werden. Frau Lapp hat nicht nur das Rezept, sondern verkauft auch aromatisches Qualitätsfleisch für den Braten. Die Tiere aus artgerechter Haltung stammen vom Grebehof im Westerwald. Dort leben Milchweidekälber, Jungbullen, Schwäbisch-Hällische Schweine, Schafe und Ziegen in hellen luftigen Ställen und grasen auf 80 Hektar naturbelassenen Wiesen und Weiden.

Schweinekrustenbraten von Gislinde Lapp

Für sechs Personen:

2–2,5 kg Schweinekeule mit Schwarte

Wacholderbeeren

2 Zwiebeln

4 Lorbeerblätter

6 Gewürznelken

3 Fleischtomaten

1 Esslöffel scharfer Senf

1 Esslöffel Honig

1/2 l dunkles Bier

Salz, Pfeffer

Die Schwarte der Keule mit einem scharfen Messer schachbrettartig bis zur Fettschicht einschneiden. In jede Verbindungsstelle eine Wacholderbeere drücken. Das Fleisch rundum mit Salz einreiben. Die Keule mit der Schwarte nach oben in einem großen Bräter mit 1 l heißem Wasser aufsetzen und 30 Minuten zugedeckt bei mittlerer Hitze dünsten. Den Backofen auf 180 Grad vorheizen. Die Zwiebeln schälen und mit den Nelken und den Lorbeerblättern spicken. Die Keule vom Herd ziehen, das Kochwasser leicht salzen und die Zwiebeln hineinlegen. Die Keule ohne Deckel im heißen Backofen 2 1/2 Stunden garen. Dabei häufig mit dem Bratensaft begießen, sonst wird das Fleisch trocken. Falls der Bratensaft zu stark einkocht, etwas dunkles Bier angießen. Die Tomaten waschen und grob zerteilen und nach einer Stunde zur Keule geben. 100 ml Bier mit dem Senf und dem Honig verrühren und den Braten in der letzten Stunde in regelmäßigen Abständen damit bestreichen. Die Keule nach der Bratzeit aus dem Bräter heben und mit Alufolie bedeckt 10 Minuten im offenen Backofen ruhen lassen. Den Bratensaft durch ein Sieb gießen, mit Salz und Pfeffer abschmecken und zum Fleisch servieren.

In Bayern isst man zum Schweinekrustenbraten Semmelknödel und Krautsalat.

Marinierte Schweinekoteletts mit Ofenkartoffeln und Brot-Minze-Sauce

Für vier Personen:

4 große, möglichst dicke Schweinekoteletts

750 g Kartoffeln

4 Karotten

Salz, Pfeffer

Für die Zitronenmarinade:

3 Zweige Rosmarin

6 Knoblauchzehen

3 Zitronen

12 Esslöffel Olivenöl

Für die Brot-Minze-Sauce:

1 großer Bund Minze

2 Scheiben frisches Weißbrot

4 Esslöffel Olivenöl

2 Teelöffel mittelscharfer Senf

Rotweinessig

Für die Marinade den Rosmarin abzupfen, die Knoblauchzehen schälen und die Schale 1 Zitrone dünn abschälen. Alles im Mörser zerquetschen und mit dem Zitronensaft, dem Olivenöl und etwas Pfeffer verrühren.

Die Koteletts mit der Marinade einpinseln und mindestens 1 Stunde im Kühlschrank ziehen lassen. In der Zwischenzeit die Kartoffeln und die Karotten schälen und in Würfel schneiden. Die Würfel trocken tupfen und mit den Koteletts in einen großen Bräter schichten. Alles salzen und pfeffern und vorsichtig vermischen, bis sämtliche Zutaten gleichmäßig mit der Marinade überzogen sind. Im auf 200 Grad vorgeheizten Backofen, je nach Dicke der Koteletts, etwa 30 Minuten braten.

In der Zwischenzeit für die Sauce das Brot entrinden und die Minzeblättchen waschen und trocken schleudern. Beides fein hacken und mit dem Olivenöl verrühren. Mit Salz, Pfeffer, Senf und etwas Essig abschmecken und vor dem Servieren auf die Koteletts streichen.

Die eher „gewöhnlichen" Schweinekoteletts gehen mit der Brot-Minze-Sauce eine ganz neue, aufregende Verbindung ein. Das Gericht ist auch als Gästeessen gut geeignet.

Kalbsmedaillons in Käse und Thymian gebraten

Für vier Personen:

4 Kalbsmedaillons,
insgesamt 300 g

70 g Parmesan

1 Ei

2 Zweige Thymian

2 Stängel glatte Petersilie

1/2 Zitrone

2 Esslöffel Butter

Salz, Pfeffer

Den Parmesan fein reiben, das Ei verquirlen, die Blättchen der Thymianzweige abzupfen, die Petersilienblättchen fein hacken, die Zitronenschale fein abreiben. Die Kalbsmedaillons am besten mit der Faust flach klopfen, pfeffern und salzen. Den Parmesan mit den Thymianblättchen, der Petersilie und der Zitronenschale vermengen. Die Medaillons in Mehl wenden, durch das verquirlte Ei ziehen und in der Käse-Kräutermischung wenden. Die Panade fest andrücken. Nochmals durch das Ei ziehen und bei sanfter Hitze in Butter von beiden Seiten 3 bis 4 Minuten braten.

Mit der Pfifferling-Schalotten-Pfanne und ein bisschen Brot zaubern Sie relativ schnell ein raffiniertes Essen auf den Tisch.

Pfifferlinge mit Schalotten

Für vier Personen:

350 g Pfifferlinge

150 g gleichmäßig kleine
Schalotten

40 g Butter

150 ml Gemüsefond

Salz, Pfeffer

Die Pfifferlinge putzen. Die Schalotten pellen und unzerteilt in 20 g Butter anbraten, salzen. Mit dem Gemüsefond ablöschen und 5 Minuten ohne Deckel kochen, beiseitestellen. Die restliche Butter in einer großen Pfanne heiß werden lassen. Die Pfifferlinge unter Wenden kräftig anbraten, mit Salz und Pfeffer würzen. Die Schalotten mit ihrem Sud untermischen. Bei mittlerer Hitze 3 Minuten köcheln und zu den Kalbsmedaillons servieren.

Kalbsnieren in Riesling-Senfsauce

Für vier Personen:

2 Kalbsnieren, vom
Metzger enthäuten und das
Fett entfernen lassen

1 Esslöffel Öl

1 Esslöffel Butter

Salz, Pfeffer

2 Schalotten

1/4 l Riesling

150 g Crème fraîche

1 Esslöffel scharfer Senf

Zitronensaft

Die Nieren der Länge nach halbieren, alle Sehnen, Röhren und Fett sorgfältig entfernen. Die Hälften quer in knapp 1 cm dicke Scheiben schneiden. Die Schalotten sehr fein würfeln.

In einer großen Pfanne Öl und Butter erhitzen. Die Nieren müssen nebeneinander in der Pfanne Platz haben, andernfalls in Portionen arbeiten. Die Nierchen bei kräftiger Hitze von jeder Seite 2 Minuten braten, dann salzen und pfeffern, herausnehmen und warm stellen. In dem Bratensatz die Schalottenwürfel anbraten, die Hitze erhöhen und die Hälfte des Weißweins angießen. Einkochen lassen und den Rest dazugießen. Den Senf unterrühren und den Wein um die Hälfte reduzieren. Die Crème fraîche unterrühren und wieder um die Hälfte einkochen. Mit einigen Spritzern Zitronensaft, etwas Salz und Pfeffer abschmecken. Den Fleischsaft der warmgestellten Nierchen in die Sauce geben, noch einmal aufkochen, vom Feuer nehmen und die Nierchen dazugeben. 1 Minute ziehen lassen und servieren.

Für Liebhaber von Innereien ein absoluter Leckerbissen, ideal dazu passt ein Kartoffelpüree. Ganz wichtig: die Nierchen nicht länger braten und möglichst erst nach dem Braten salzen, sonst werden sie hart.

Geschmorte Lammschulter mit Artischocken, getrockneten Tomaten und Kartoffeln

Für vier Personen:

1,2 kg Lammschulter

6 Esslöffel Olivenöl

500 mittelgroße Kartoffeln

8 kleine Artischocken
(oder 4 große)

1 Knoblauchzehe

3 Thymianzweige

125 ml Rotwein

100 g getrocknete, in Öl
eingelegte Tomaten

Salz, Pfeffer

Die Lammschulter mit 3 Esslöffeln Olivenöl einreiben und mit Salz und Pfeffer würzen. In einen Bräter legen und zugedeckt im Backofen bei 170 Grad eine Stunde braten. Die Thymianblättchen abzupfen. Die Kartoffeln schälen und längs vierteln. Die Artischocken putzen, dabei sehr großzügig die harten Außenblätter wegschneiden. Es sind nur die hellgelben bis hellgrünen Teile zart und essbar. Alles Übrige muss rigoros weggeschnitten werden, sonst beißt man nachher auf strohige, harte Stücke. Die geschälten Artischockenherzen bis zur weiteren Verwendung in Zitronenwasser legen, damit sie schön hell bleiben.

Die Kartoffeln und die abgetropften Artischocken mit 3 Esslöffeln Olivenöl, Salz, Pfeffer, der zerdrückten Knoblauchzehe und den Thymianblättchen vermischen. Nach 1 Stunde Bratzeit 125 ml Rotwein und die getrockneten Tomaten dazugeben. Das Lamm weitere 2 Stunden schmoren. Eventuell etwas Rotwein nachgießen. 45 Minuten vor Ende der Garzeit die Artischocken und Kartoffeln dazugeben. Nach Ende der Bratzeit den Deckel vom Bräter nehmen und die Schulter etwa 15 Minuten bräunen lassen.

Auch dieses Gericht gehört zu den idealen Gästeessen. Sie plaudern mit Ihrem Besuch, genießen die Vorspeise, während der Braten samt Beilagen im Ofen vor sich hinschmurgelt und nur noch auf den Tisch gestellt werden muss.

Rosa gegarter Lammrücken mit Rotweinschalotten

Für zwei Personen:

2 Knoblauchzehen

400 g Lammrücken ohne Knochen

Salz, Pfeffer, Zucker

4 Esslöffel Olivenöl

2 Zweige Thymian

1 Zweig Rosmarin

10 kleine Schalotten

300 ml trockener kräftiger Rotwein

100 ml Lammfond

1/2 Bund glatte Petersilie

20 g kalte Butter

Den Ofen auf 75 Grad vorheizen und eine flache Auflaufform vorwärmen.

Die Knoblauchzehen schälen und vierteln. Den Lammrücken mit Salz und Pfeffer würzen und in einer Pfanne mit 2 Esslöffeln Olivenöl, dem Knoblauch und den Kräuterzweigen kurz von allen Seiten anbraten und Farbe annehmen lassen. Dann das Fleisch mit den Kräutern in die vorgewärmte Auflaufform legen und 25 Minuten im Ofen garen.

Die Schalotten schälen und in Butter anbraten. Mit 1 Prise Zucker karamellisieren und mit 300 ml Rotwein und 100 ml Lammfond ablöschen. Mit Salz und Pfeffer würzen, aufkochen und zugedeckt bei mittlerer Hitze schmoren lassen. Dabei immer wieder umrühren.

Den Lammrücken aus dem Ofen nehmen, den Bratenfond durch ein Sieb in die eingekochte Schalottensauce geben. Den Lammrücken in einer Pfanne mit 2 Esslöffeln Olivenöl nochmals scharf anbraten, damit er schön braun wird. Die Schalottensauce abschmecken und die kalte Butter in Flöckchen mit dem Schneebesen einmontieren. Das Fleisch aufschneiden und mit den Schalotten servieren.

Das Niedrig-Temperatur-Garen eignet sich für hochwertige Fleischstücke, die man in der Pfanne kurz bzw. rosa braten würde. Ganz wichtig ist, dass die Temperatur im Elektro-Backofen – Umluft und Gas-Öfen sind ungeeignet – konstant 75 Grad hält. Am sichersten ist es, während des Garens die Temperatur mit einem Backofenthermometer zu kontrollieren. Pro Kilogramm Fleisch rechnet man mit 1 Stunde Garzeit.

Bombay Lammcurry

Für vier Personen:

750 g Lammfleisch aus der Schulter, in mundgerechte Würfel geschnitten

3 Esslöffel Pflanzenöl

2 mittelgroße Zwiebeln

2 Knoblauchzehen

2 grüne Chilischoten

3 cm frische Ingwerwurzel

4 mittelgroße Tomaten

1 1/2 Teelöffel Kurkuma

1 Teelöffel gemahlener Kreuzkümmel

1 Esslöffel gemahlener Koriander

1 Teelöffel Chilipulver

200 g Sahnejoghurt

Salz

1 Bund Koriander

Die Zwiebeln und die Knoblauchzehen fein schneiden. Die Chilischoten längs halbieren, entkernen und in feine Streifen schneiden. Die Ingwerwurzel schälen und fein hacken. Die Tomaten häuten, entkernen und würfeln.

In einem großen Topf oder im Wok die Zwiebeln im heißen Öl glasig dünsten. Knoblauch, Chili, Ingwer und die Gewürze dazugeben und kurz andünsten. Das Fleisch dazugeben und unter häufigem Wenden bei mittlerer Hitze anbraten. Die Tomatenwürfel und den Joghurt untermischen, mit 1 Teelöffel Salz würzen und einige Minuten sanft schmoren. 125 ml Wasser unterrühren und das Fleisch zugedeckt 45 Minuten bei kleiner Hitze schmoren. Danach den Deckel abnehmen und das Curry noch 10 Minuten offen schmoren. Mit den Korianderblättchen bestreuen und mit Basmatireis servieren.

Orientalische Frikadellen mit Joghurt-Minze-Sauce

Für vier Personen:

400 g gehacktes Lamm-hackfleisch

1 Zwiebel

2 cm Ingwerwurzel

1 grüne Chilischote

2 Knoblauchzehen

1 Handvoll frische Pfeffer-minzblätter

1 Ei

3 Esslöffel Kichererbsenmehl

5 Esslöffel Joghurt

2 Teelöffel Garam Masala

1 Teelöffel schwarzer Pfeffer

1 Teelöffel scharfes Paprika-pulver

Erdnussöl

Salz

Für die Sauce:

250 g Joghurt

1 Bund Pfefferminze

Salz

1 Teelöffel Kreuzkümmel

Zwiebel, Ingwer, Chilischote, Minzeblätter und Knoblauch sehr fein hacken. Das Ei verquirlen. Das Hackfleisch mit allen Zutaten, Kräutern und Gewürzen – außer dem Öl – gut vermischen und 10 Minuten ziehen lassen. Aus dem Hackfleischteig mit nassen Händen walnussgroße Bällchen formen. In reichlich heißem Öl etwa 10 Minuten ausbacken, bis sie schön braun sind. Am besten nicht alle Hackbällchen auf einmal ins Öl geben, es kühlt sonst zu stark ab. Besser in zwei oder drei Durchgängen arbeiten. Auf Küchenpapier abtropfen lassen.

Für den Dip die Minze fein hacken und den Kreuzkümmel im Mörsel zerquetschen. Beides mit dem Joghurt verrühren und mit Salz abschmecken.

Teo'

Delikates
Der feine Unters

Bauer Mann stellt seine Kunden vor die Qual der Wahl. Zehn appetitliche Meter Vitrine, bestückt mit Fleisch von Angus-Rindern, Schwäbisch-Hällischen Schweinen, Schafen, Gänsen, Hühnern, Maispoularden, Enten und Puten, bringen auch entscheidungsstarke Menschen ins Schwanken. Die Tiere stammen vom eigenen Hof der Familie im Odenwald. Rehe, Wildschweine, Feldhasen und Wildkaninchen kommen aus heimischer Jagd. Im Frühjahr gibt's Zicklein und Milchlämmer, im Sommer ist Saison für junge Tauben. Und die sind die Lieblingspeise der Familie Mann. In den kalten Jahreszeiten müssen sie darauf verzichten, die Tauben brüten dann kaum und es gibt wenig Jungtiere. Junge Nesttauben werden geschlachtet, bevor sie flügge sind. Sind sie einmal geflogen, ist ihr Fleisch zäh und eignet sich nur noch für eine Taubensuppe. Die hilft allerdings großartig gegen Erkältung und Appetitlosigkeit, versichert Klaus Mann. Schon als Kind half er seinen Großeltern gerne beim Schlachten und Rupfen der Tauben. Hunderte von Jungtieren ver-

kauften sie in der Kleinmarkthalle, heute bevorzugen die Kunden Wachteln und Stubenküken. Taubenschlachten ist noch immer reine Handarbeit und kostet viel Zeit. Die Tiere werden trocken gerupft, der Kropf wird entfernt, anschließend werden sie ausgenommen. Die kleinen Härchen, die beim Rupfen stehen bleiben, werden über einer Flamme abgesengt, um den Genuss beim Essen nicht zu beeinträchtigen. Gerne verrät Klaus Mann, wie er das Alter und die Zartheit der Täubchen feststellt: der Kopf muss leicht einzudrücken, der Fuß leicht auszukugeln und das Brustbein noch weich sein. Je fetter die Taubenhaut ist, desto zarter wird das Fleisch. Herz und Leber, eine Delikatesse für sich, sollten unbedingt in der Bauchhöhle mitbraten, der Magen gart in der Sauce. Nach Klaus Manns Rezept können auch Wachteln und Stubenküken zubereitet werden, er selbst zieht Täubchen vor: „Sie sind viel schmackhafter. Jeder, der schon einmal Tauben gegessen hat, schwärmt vom guten Geschmack des dunkelroten Fleisches."

Gebratene Tauben

Für vier Personen:

4 junge Brattauben
1 Bund glatte Petersilie
100 g durchwachsener Speck
2–3 Karotten
3 Zwiebeln
4 Tomaten
250 ml Weißwein
Salz, Pfeffer, Paprika

Die Tauben ausnehmen, die kleinen Härchen über einer Kerze absengen. Die Tauben innen und außen waschen. Herz und Leber in die Bauchhöhle legen und leicht salzen. Die Petersilienblättchen abzupfen und in die Tauben stopfen. Den Speck in Würfelchen schneiden. Die Karotten und Zwiebeln schälen und fein würfeln, die Tomaten häuten, die Kerne entfernen und das Fruchtfleisch grob würfeln. Die Tauben mit Pfeffer, Salz und etwas Paprikapulver würzen. In einem Schmortopf das Öl erhitzen und die Speckwürfelchen anbraten. Die Täubchen hineinlegen und von allen Seiten langsam anbraten, die Mägen dazugeben, kurz mitbraten. Die Tauben aus dem Topf nehmen und die Karotten und Zwiebeln unter häufigem Rühren langsam und gründlich anbraten, dann die Tomatenwürfel dazugeben und alles mit dem Weißwein ablöschen. Mit Salz und Pfeffer würzen. Die Tauben auf den Rücken in den Topf legen, in den heißen Backofen stellen und ohne Deckel circa 30 Minuten braten, dabei mehrmals mit dem Bratfett bepinseln. Sie sind gar, wenn beim Einpiksen mit einem spitzen Messer zwischen Brust und Keule klarer Fleischsaft austritt. Zu den Tauben isst man am besten Brot, mit dem man die köstliche Sauce auftunken kann.

Griechisches Zitronenhuhn

Für vier Personen:

1,2 kg festkochende Kartoffeln

7 Esslöffel Olivenöl

6 junge Knoblauchzehen

1 rote Chilischote

1/2 Zitrone

1 Teelöffel Fenchelsamen

Salz, Pfeffer

4 Hähnchenkeulen (im Gelenk halbiert)

1/2 Bund glatte Petersilie

1–2 Esslöffel schwarze Oliven

Zitronensaft

Die Kartoffeln schälen und grob würfeln und mit 5 Esslöffeln Öl mischen. Die ganzen Knoblauchzehen dazugeben. Die Chilischote längs halbieren, entkernen, fein hacken und unter die Kartoffeln mischen. Die Zitrone samt Schale in Würfelchen schneiden und mit den Fenchelsamen unterheben. Das Ganze mit Salz und Pfeffer würzen und in eine flache Auflaufform füllen.

Die Hähnchenkeulen mit Salz und Pfeffer würzen und in einer beschichteten Pfanne in 2 Esslöffeln heißem Öl rundherum goldbraun anbraten. Die Keulen auf die Kartoffeln legen und im vorgeheizten Backofen bei 200 Grad 40 Minuten garen.

In der Zwischenzeit die Petersilienblättchen abzupfen und hacken. Die Oliven in groben Stücken vom Stein schneiden. Das Zitronenhuhn aus dem Ofen holen, mit der Petersilie und den Oliven bestreuen. Mit Zitronensaft beträufeln und sofort servieren.

Die Mischung aus Olivenöl, Zitrone und Petersilie ist einfach unübertrefflich frisch und aromatisch, ein Klassiker der mediterranen Küche. Den besonderen Kick in diese Kombination bringt der süßliche Anisgeschmack der Fenchelsamen.

Spanisches Mandelhuhn

Für vier Personen:

300 g Perlzwiebeln

1 Bund glatte Petersilie

1 Poularde, etwa 1,4 kg

2 Esslöffel Olivenöl

3 Lorbeerblätter

1/4 l trockener Weißwein

1/8 l Hühnerbrühe

Salz, Pfeffer

Für die Mandelpaste:

2 Knoblauchzehen

3 Eier

3 Esslöffel Olivenöl

50 g gemahlene Mandeln

1 Prise gemahlener Safran

2 Esslöffel Hühnerbrühe

100 g ganze geschälte
Mandeln

Die Perlzwiebeln schälen, die Petersilienblättchen abzupfen und fein hacken. Die Poularde in 8 Stücke zerteilen oder vom Geflügelhändler zerteilen lassen. Die Stücke mit Salz und Pfeffer einreiben und in einem Schmortopf bei mittlerer Hitze in Olivenöl goldbraun anbraten. Die Perlzwiebeln, die Lorbeerblätter und die Hälfte der Petersilie dazugeben. Nach und nach die Hälfte des Weißweins angießen und jedesmal verdampfen lassen. Die Hühnerbrühe und den restlichen Wein dazugießen, das Fleisch zugedeckt 40 Minuten sanft schmoren.

In der Zwischenzeit die Knoblauchzehen schälen und grob hacken. Die Eier hart kochen und kalt abschrecken. Die Eigelbe im Mörser mit dem Olivenöl, den gemahlenen Mandeln, dem Safran, den Knoblauchzehen und 2 Esslöffeln Hühnerbrühe zu einer feinen Paste reiben.

Die ganzen Mandeln in einer Pfanne ohne Fett hellbraun rösten. Aufpassen: Die Mandeln verbrennen sehr leicht. Das Fleisch und die Zwiebeln aus dem Topf nehmen und warm stellen.
Den Fond stark einkochen und die Mandelpaste hineinrühren.
Das Fleisch und die Zwiebeln in die Sauce geben, die gerösteten Mandeln und die restliche Petersilie darüber streuen. Olé!

Bresse-Hühner aus der gleichnamigen französischen Landschaft sind geschmacklich und preislich der Rolls Royce unter dem Geflügel. Ihre Herkunftsbezeichnung ist streng geschützt und durch ein Gütesiegel in den Farben der Trikolore dokumentiert. Sie dürfen überwiegend im Freiland leben und werden mit Mais, Getreidemehl und Milchprodukten ernährt.

Bresse-Huhn in altem Weinessig

Für vier Personen:

1 Bresse-Huhn, ca. 1,6 kg

2 Schalotten

3 Tomaten

6 Knoblauchzehen

1 Handvoll Kerbel

3 Zweige Estragon

80 g Butter

3 Esslöffel Pflanzenöl

1/4 l alter, guter Weißwein-essig

3 Esslöffel trockener Weißwein

1/2 l Geflügelbrühe

3 Esslöffel süße Sahne

Salz, Pfeffer

Das Huhn in 8 Stücke teilen oder vom Geflügelhändler teilen lassen. Die Schalotten fein würfeln. Die Tomaten halbieren, entkernen und hacken. Den Knoblauch schälen, unzerteilt lassen. Die Estragonblättchen und die Kerbelblättchen abzupfen.

Die Hühnerstücke mit Salz und Pfeffer würzen. Öl und Butter in einem Schmortopf erhitzen und die Hühnerteile in etwa 10 Minuten von allen Seiten goldbraun braten. Die Schalotten zugeben und alles einige Minuten zugedeckt bei sanfter Hitze schmoren. Mit der Hälfte des Weinessigs ablöschen, einkochen lassen, dann den restlichen Essig und den Weißwein zugießen. Nochmals kurz einkochen lassen und die Tomaten und Knoblauchzehen zufügen. Das Ganze zugedeckt bei mittlerer Hitze schmoren lassen. Die Hühnerbrüste nach 10 Minuten, die Keulen nach 30 Minuten aus dem Topf nehmen und im 80 Grad heißen Backofen warm stellen. Den Bratensaft so gut wie möglich entfetten und die Geflügelbrühe zugießen. Einige Minuten einkochen lassen und durch ein Sieb in einen anderen Topf passieren. Dabei den Knoblauch gut ausdrücken. Die Sahne und die Estragonblättchen unterrühren und mit Salz und Pfeffer abschmecken. Die Hühnerstücke in die Sauce legen und mit dem gehackten Kerbel bestreuen. Dazu passen schmale Bandnudeln oder Baguette.

Mittags riecht es ganz besonders lecker am Stand von der Assen. Dann wird das, was auch in der Auslage liegt, frisch gekocht und kann auf Bartischen und mit Blickkontakt zum ausgestopften Kaninchen im Weinregal an der Nordwand der Kleinmarkthalle verspeist werden. Exotisches wie Büffel, Impala, Zebra, Känguruh und Krokodil wird allerdings nur für Selbstkocher bereit gehalten. Letzteres stammt aus Zuchtbetrieben in den Everglades und schmeckt nach Aussage von Frau Vröls, der patenten Verkäuferin und Köchin, wie eine Mischung aus Hühnchen und Hummer. Hauptinteressenten für die exotischen Fleischsorten sind Urlaubsrückkehrer, die die Tiere in ihren Ursprungsländern gekostet haben und die Rezepte jetzt selbst ausprobieren wollen. Allerdings sind die Liebhaber von Poulets und Poularden, von Wachteln und Fasanen, Perlhühnern und Tauben nach wie vor in der Überzahl.

Das Rezept für das Hühnchen in Vin Jaune stammt von Gérard Départieu, einem bekennenden Gourmand, Kochbuchautor und Lieblingsschauspieler von Herrn von der Assen.

Hühnchen in Wein-Morchel-Sauce

Für vier Personen:

60 g getrocknete Morcheln

1 Poularde, etwa 1,6 kg

Mehl zum Panieren

Salz, Pfeffer

2 Schalotten

2 Esslöffel Öl

30 g Butter

400 ml Vin Jaune

200 ml Geflügelfond

200 g Crème fraîche

Die getrockneten Morcheln 2 Stunden in lauwarmem Wasser einweichen. Das Hühnchen in 8 Teile zerlegen (diese Arbeit können Sie auch dem Geflügelhändler überlassen), waschen und trocken tupfen. Das Mehl in einen tiefen Teller schütten. Die Hühnchenteile mit Salz und Pfeffer würzen und im Mehl wenden, überschüssiges Mehl abklopfen. Die Schalotten fein würfeln. Das Öl und 10 g Butter in einem Schmortopf erhitzen und die Fleischstücke darin rundum golden anbraten. Die Schalotten zufügen und ebenfalls anbraten. Den Vin Jaune dazugießen und einkochen lassen. So viel Geflügelfond dazugeben, bis die Hühnchenteile bedeckt sind. Alles zugedeckt 30 Minuten bei mittlerer Hitze garen. Die Fleischstücke mehrmals wenden.

In der Zwischenzeit die Morcheln in ein Sieb abgießen, das Einweichwasser filtern und auffangen. In einem Topf die restliche Butter zerlassen und die Morcheln 10 Minuten andünsten.

Währenddessen die Hühnchenteile aus der Sauce nehmen und warm stellen. Das Fett, das auf der Oberfläche der Sauce schwimmt, so gut wie möglich abschöpfen. Das Einweichwasser der Morcheln zur Sauce geben und bei großer Hitze etwas einkochen lassen. Danach durch ein Sieb gießen, die Crème fraîche unterrühren und abschmecken. Die Hühnchenteile mit den Morcheln anrichten und mit der Sauce überziehen.

Vin Jaune ist ein Wein aus dem französischen Jura. Er wird aus der weißen Rebsorte Savagnin hergestellt, deren Parzellen in der Nähe des Städtchens Château-Chalon liegen. Der Wein wird gerne als Antwort Frankreichs auf den Sherry bezeichnet, dem er geschmacklich sehr ähnelt. Nach der Vergärung des Mosts muss der Wein noch mindestens sechs Jahre und drei Monate in einem Barriquefass liegen, dabei verdunsten bis zu 40 Prozent der Flüssigkeit. Diese lange Reifezeit erklärt auch den hohen Preis, der bei etwa 30 Euro pro Flasche liegt. Die Flaschen haben nur einen Inhalt von 620 ml statt der üblichen 750 ml. Der Wein hält sich sehr lange, Lagerzeiten von 40 bis 50 Jahren sind keine Seltenheit.

Gefüllte Hähnchenbrust in Thymianöl

Für vier Personen:

Für das Thymianöl:

125 ml Olivenöl

6 Thymianzweige

3 Knoblauchzehen

Für das Huhn:

125 Pancetta in dünnen Scheiben

100 g Ziegenfrischkäse

Salz, Pfeffer

4 Hähnchenbrustfilets

4 Scheiben Parmaschinken

Die Thymianzweige und die geschälten Knoblauchzehen in einem Töpfchen im Olivenöl langsam erwärmen und 15 Minuten bei sanfter Hitze ziehen lassen.

Den Backofen auf 180 Grad vorheizen. Den Speck fein würfeln, mit dem Ziegenfrischkäse vermischen und mit Salz und Pfeffer abschmecken. In jedes Hähnchenbrustfilet seitlich eine Tasche schneiden. Die Käsemasse in die Taschen füllen und jedes Filet mit einer Scheibe Parmaschinken umwickeln. Die Filets in eine Auflaufform legen, mit dem Thymianöl übergießen und im heißen Ofen 20 Minuten backen.

Das Gericht ist ratzfatz gemacht und trotzdem raffiniert. Es schmeckt gut mit kräftigem, italienischem Landbrot oder mit dem mediterranen Kartoffelpüree von Seite 126.

Karamellisierte Hähnchenbrust mit Ingwer, Chili und Mohn

Für vier Personen:

600 g Hähnchenbrustfilet

1 gehäufter Esslöffel Zucker

20 g schwarzer Mohn

4 cm frische Ingwerwurzel

1 getrocknete Chilischote

200 ml Hühnerfond

Salz, Pfeffer

Das Hähnchenfilet in mundgerechte Würfel schneiden. Den Mohn in einem Pfännchen in etwas Öl anrösten. Den Ingwer fein hacken.

Den Zucker in eine Pfanne geben, bei mittlerer Hitze langsam schmelzen und hellbraun karamellisieren lassen. Die Hähnchenwürfel dazugeben und im Zucker von allen Seiten bräunen, den Ingwer, die zerkrümelte Chilischote und den Mohn dazugeben. 5 Minuten braten, bis das Fleisch durchgegart ist, mit Salz und Pfeffer würzen. Das Fleisch aus der Pfanne fischen und mit Alufolie abgedeckt beiseite stellen. Den restlichen Pfanneninhalt mit dem Fond ablöschen, etwas reduzieren lassen, die Hähnchenwürfel wieder hineingeben und in der Sauce wenden.

Es ist kein Fehler, dass in diesem Rezept keine Butter und kein Öl auftauchen. Der geschmolzene Zucker eignet sich zum Braten ebenso gut wie Fett. Seine Süße passt zwar nicht zu jedem Gericht, zu diesem aber perfekt.

Mr. Wong's Spicy Chickencurry

Für vier Personen:

500 g Hühnerbrustfilet

35 g Kurma Curry

1 große, weiße
Gemüsezwiebel

1 Esslöffel Erdnuss-
oder Sojaöl

1 Stängel Zitronengras

1 Stück Würfelzucker

200 ml ungesüßte
Kokosmilch

Das Hühnchenbrustfilet quer zur Faser in dünne Scheiben schneiden und die Hälfte des Currypulvers in das Fleisch einmassieren. Das sollten Sie schon einige Stunden vor dem Braten machen und das Fleisch dann abgedeckt im Kühlschrank marinieren lassen.

Die Gemüsezwiebel schälen, hacken und im Mixer grob pürieren. Das Püree durch ein Sieb gießen, den Zwiebelsaft mit der zweiten Hälfte des Currypulvers glatt verrühren. Das Zwiebelpüree in einem Wok oder einer tiefen Pfanne in 1 Esslöffel Öl anbraten, den Curry-Zwiebelsaft dazugießen und unter ständigem Rühren 1 Minute braten. Das Fleisch dazugeben und gut anbraten, dabei ebenfalls ständig rühren. Das in grobe Stücke geschnittene und mit dem Messerrücken leicht gequetschte Zitronengras, den Würfelzucker und die Kokosmilch dazugeben. 10 Minuten köcheln lassen und mit Reis und gebratenem Paksoi servieren.

Das Kurma Curry besteht aus Koriandersamen, Chili, Tamarinde, Fenchelsamen, Kardamon, Pfeffer, Nelke, Sternanis, Kreuzkümmel, Zimt, Knoblauch, Ingwer und Salz. Sie bekommen es fertig gemischt am Stand von Gisela Wong.

Thai-Hühnchen im Pergamentpapier

Für vier bis sechs Personen:

Zutaten für die Marinade:

1 Knoblauchzehe

1 Stück Ingwer von ca. 2 cm Länge

2 Esslöffel Austernsauce

2 Esslöffel helle Sojasauce

2 Teelöffel Sesamöl

1 Teelöffel Maisstärke

Für das Hühnchen:

600 g Hähnchenbrüste

je 1 rote und gelbe Paprika

1 rote Zwiebel

8 Baby-Maiskölbchen

200 g Paksoi, wenn möglich kleine Stauden

8 kleine Frühlingszwiebeln

2 Karotten

12 Blätter Thai-Basilikum

Knoblauch und Ingwer schälen und fein hacken. Mit der Austernsauce, der Sojasauce, dem Sesamöl und der Maisstärke mischen. Die Hühnerbrüste in feine Streifen schneiden, zur Marinade geben und alles gründlich mischen. Das Fleisch mindestens 1 Stunde marinieren.

In der Zwischenzeit die Paprikaschoten und die Zwiebel in dünne, ähnlich große Streifen wie das Hühnerfleisch schneiden. Die Maiskölbchen und den Paksoi der Länge nach halbieren. Die Frühlingszwiebeln in 5 cm lange Stücke schneiden, die Karotten in streichholzgroße Stifte. Das Gemüse im heißen Öl 2 bis 3 Minuten anbraten.

Den Ofen auf 200 Grad vorheizen. 4 Pergamentpapierbögen ausbreiten und das Fleisch, das Gemüse und die Basilikumblätter gleichmäßig darauf verteilen. Alles mit Salz und Pfeffer würzen. Die Pakete gut verschließen und auf ein Backblech legen. 10 Minuten im heißen Ofen braten, herausnehmen und auf vorgewärmten Tellern servieren.

Butterbrotpapier, wie es heutzutage angeboten wird, taugt nicht für diese Garmethode. Es ist viel zu dünn und würde schnell verbrennen. Wenn Sie kein stabiles, kochfestes Pergamentpapier finden, nehmen Sie am besten Backpapier, das es in allen Supermärkten zu kaufen gibt.

Um die Pakete ganz dicht zu kriegen, kann man Büroklammern aus Metall zu Hilfe nehmen; das ist zwar nicht sehr elegant, aber es funktioniert. Bevor die Päckchen auf den Tisch kommen, sollte man die Büroklammern allerdings entfernen.

Perlhühner haben ein wunderschönes, schwarz-weiß getupftes Gefieder und einen kleinen, kahlen häßlichen Kopf. Ihren Charakter beschreibt der amerikanische Gastrosoph Waverley Root in „Das Mundbuch", einer empfehlenswerten „Enzyklopädie alles Essbaren", als zornmütig und streitsüchtig, mit einem unstillbaren Bedürfnis nach langanhaltendem mißtönenden Geschrei. So unsympathisch auch ihr Charakter ist, auf ihren Geschmack wirkt er sich nicht aus. Perlhühner haben dunkleres, kräftiger schmeckendes Fleisch als anderes Geflügel und einen dezenten Wildgeschmack.

Perlhuhnbrust mit Steinpilz-Ragout

Für vier Personen:

600 g möglichst kleine Steinpilze

4 Schalotten

60 g durchwachsener Speck

2 säuerliche Äpfel

4 Majoranzweige

4 Perlhuhnbrüste mit Haut

Salz, Pfeffer

8 Esslöffel Olivenöl

4 Lorbeerblätter

4 Rosmarinzweige

6 Thymianzweige

200 g Schlagsahne

4 Esslöffel Crème fraîche

Den Backofen auf 180 Grad vorheizen. Die Pilze putzen. Kleine Exemplare halbieren, größere vierteln. Die Schalotten und den Speck fein würfeln. Die Äpfel vierteln, die Kerngehäuse entfernen, die Viertel in feine Spalten schneiden. Die Majoranblättchen abzupfen.

Die Perlhuhnbrüste salzen und pfeffern. Je 2 Perlhuhnbrüste in einer Pfanne in 2 Esslöffeln Öl von beiden Seiten kurz anbraten. Die Perlhuhnbrüste auf ein geöltes Backblech legen, die gewaschenen Kräuterzweige und die Lorbeerblätter dazugeben und im heißen Ofen 15 Minuten braten.

Inzwischen die Pilze in einer großen Pfanne im restlichen Olivenöl bei starker Hitze anbraten. Die Zwiebeln und den Speck dazugeben und glasig braten. Die Apfelspalten in die Pfanne geben und weitere 2 Minuten braten. Mit Salz und Pfeffer würzen. Die Sahne und die Crème fraîche unterrühren und 3 Minuten einkochen lassen, die Majoranblättchen dazugeben.

Das Fleisch aus dem Ofen holen, mit Alufolie bedeckt einige Minuten ruhen lassen und mit dem Pilzragout servieren.

Wachteln mit Zitronenöl und Knoblauch

Für vier Personen:

4 küchenfertige, große Wachteln

1 Zitrone

10 Knoblauchzehen

10 Esslöffel Olivenöl

Salz, Pfeffer

1,5 kg Kartoffeln

4 Thymianzweige

4 in Öl eingelegte, getrocknete Tomaten

1/2 Bund Basilikum

Die Wachteln waschen und trocken tupfen. Die Schale der Zitrone fein abreiben und mit 4 Esslöffeln Olivenöl vermischen. Die Knoblauchzehen schälen und in das Zitronen-Öl pressen. Mit Salz und Pfeffer würzen. Die Wachteln mit der Marinade einpinseln, die restliche Marinade in die Bauchhöhlen träufeln, und zugedeckt 2 bis 3 Stunden im Kühlschrank marinieren lassen.

Den Backofen auf 210 Grad vorheizen. Die Kartoffeln schälen, längs halbieren und mit 6 Esslöffeln Olivenöl mischen. Mit den Thymianzweigen auf ein Backblech legen, salzen und pfeffern. Im heißen Backofen 20 Minuten braten, anschließend wenden und die Wachteln dazulegen. Weitere 25 Minuten braten, bis die Wachteln gut gebräunt sind. In der Zwischenzeit das Basilikum möglichst fein zerrupfen, die Tomaten abtropfen lassen und fein hacken. Die Tomaten über den Kartoffeln verteilen und noch 2 Minuten mitbraten lassen. Wachteln und Kartoffeln vor dem Servieren mit Basilikum bestreuen.

Die Barbarie-Ente ist eine Zuchtform aus Wild-und Hausente, Hauptliefertant für Barbarie-Enten ist Frankreich. Ihr Fleisch ist saftig, schmackhaft und fettarm. Ihre Flugmuskulatur ist wesentlich kräftiger als die der Hausente und sie hat deshalb einen deutlich höheren Brustfleischanteil. Achten Sie beim Einkauf darauf, die Brüste von weiblichen Enten zu bekommen, auch wenn sie kleiner sind als die männlichen: Sie schmecken besser und sind zarter.

Entenbrust auf Rhabarbergemüse

Für zwei Personen:

1 Barbarie-Entenbrust

1 Stückchen Ingwer, etwa 2 cm

1 Knoblauchzehe

einige Zweige glatte Petersilie

1 große oder 2 kleine rote Zwiebeln

2 Stangen Rhabarber

1 Zweig Rosmarin

Salz, Pfeffer, Zucker

1 getrocknete Chilischote

1 Teelöffel guter Balsamico

1 Teelöffel Kürbiskernöl

Den Backofen auf 120 Grad vorheizen. Die Hautseite der Ente kreuzweise einschneiden und mit Salz und Pfeffer würzen. Eine Pfanne erhitzen, die Ente darin zuerst auf der Hautseite 4 bis 5 Minuten anbraten, dann wenden und weitere 2 Minuten braten. Mit der Haut nach oben in eine feuerfeste Form legen. Im vorgeheizten Backofen 12 bis 15 Minuten weiter garen.

In der Zwischenzeit den Ingwer, Knoblauch und die Petersilie grob hacken, die Zwiebel würfeln. Den Rhabarber entfädeln und in 1 cm lange Stücke schneiden. Die Zwiebeln im Entenfett anbraten. Ingwer, Knoblauch, die Rhabarberstücke und den Rosmarinzweig dazugeben, mit 1 Prise Zucker, Salz, Pfeffer und der zerkrümelten Chilischote würzen. Unter Rühren etwa 3 Minuten braten, dabei eventuell etwas Wasser zugeben. Nochmals abschmecken, den Rosmarinzweig entfernen und die Petersilie darüberstreuen.

Die Entenbrust aus dem Ofen holen und vor dem Anschneiden einige Minuten ruhen lassen. Den Balsamico und das Kürbiskernöl vermischen. Die Entenbrust quer zur Faser in Scheiben schneiden, auf dem Rhabarbergemüse anrichten und mit der Essig-Öl-Mischung beträufeln.

Wildente in Orange und Honig

Für zwei Personen:

1 Wildente, etwa 1 kg

Salz, Pfeffer

1 Orange

6 Esslöffel Olivenöl

5 Thymianzweige

250 ml Wildfond

2 Teelöffel Honig

400 g Karotten

1 rote Chilischote

1 Lorbeerblatt

200 g möglichst kleine Steinpilze

Den Backofen auf 200 Grad vorheizen. Die küchenfertig vorbereitete Ente waschen, trocken tupfen und innen und außen mit Salz und Pfeffer einreiben. Die Hälfte der Orange sehr dünn schälen, die Schale in etwa 5 cm lange Stücke schneiden, den Saft auspressen.

Die Ente in einem Bräter in 3 Esslöffel heißem Olivenöl von allen Seiten anbraten, 3 Thymianzweige, das Lorbeerblatt und die Orangenschale dazugeben, den Orangensaft und den Wildfond angießen. In den heißen Ofen schieben und 1 Stunde braten. Die restlichen Thymianblättchen abzupfen und mit dem Honig mischen.

In der Zwischenzeit die Chilischote längs halbieren, entkernen, und grob hacken. Die Karotten schälen und längs vierteln. Alles nach 30 Minuten zur Ente geben.

Die Pilze putzen und längs halbieren, große Exemplare vierteln. Die Pilze im restlichen Olivenöl anbraten, salzen und pfeffern und die letzten 15 Minuten mit in den Bräter geben, dabei die Ente mit dem Honig bestreichen und fertig garen. Die Ente aus dem Ofen holen, mit der Geflügelschere halbieren und mit den Pilzen und der Sauce servieren.

Geschmorte Kaninchenkeulen mit Cidre-Senfsauce und gebratenen Apfelspalten

Für vier Personen:

4 Schalotten

1 Knoblauchzehe

4 Kaninchenkeulen

Salz, Pfeffer

3 Esslöffel Öl

50 g Butter

1 Esslöffel Mehl

250 ml trockener Cidre

300 ml Geflügelfond

2 Lorbeerblätter

3 Stiele Majoran

1 Zitrone

2 Äpfel, am besten eignet sich Boskop

30 g Butter

100 ml süße Sahne

3 Esslöffel körniger Senf

Den Backofen auf 180 Grad vorheizen. Die Schalotten und den Knoblauch pellen und fein würfeln. Die Kaninchenkeulen mit Salz und Pfeffer würzen. 2 Esslöffel Öl in einem Schmortopf erhitzen und die Kaninchenkeulen darin bei kräftiger Hitze rundum anbraten. Die Keulen aus dem Topf nehmen und die Hälfte der Butter im Bräter schmelzen. Die Zwiebeln und den Knoblauch hineingeben und glasig dünsten. Mit dem Mehl bestäuben und kurz anrösten. 200 ml Cidre unter kräftigem Rühren dazugießen, mit dem Fond auffüllen und die Lorbeerblätter hinein legen. Die Keulen in den Bräter legen und im heißen Ofen 50 Minuten zugedeckt schmoren.

In der Zwischenzeit die Majoranblättchen abzupfen und fein hacken. Den Zitronensaft in eine Schüssel mit Wasser gießen. Die Äpfel schälen, vierteln, das Kerngehäuse entfernen, das Fruchtfleisch in dicke Spalten schneiden und in das Zitronenwasser legen. 5 Minuten bevor die Kaninchenkeulen gar sind, die Butter in einer Pfanne schmelzen, die Apfelspalten trocken tupfen und bei starker Hitze 2 Minuten anbraten. Den restlichen Cidre zugießen und völlig verdampfen lassen. Mit Salz, Pfeffer und dem Majoran würzen und im Backofen warm stellen.

Die Keulen aus dem Bräter nehmen und im Backofen warm stellen. Die Sauce durch ein Sieb in einen Topf passieren und aufkochen lassen. Die Sahne einrühren, wieder aufkochen und mit Salz und Pfeffer würzen. Den Senf hineingeben und glatt rühren. Die Kaninchenkeulen mit der Senfsauce und den gebratenen Apfelspalten servieren.

Zwischen 1. Mai und 31. Januar dürfen Rehe gejagt werden. Und nur in dieser Zeit verkauft Herr Rudolph, Inhaber von Geflügel-Dietrich auf der Galerie, das Rehfilet, das Sie für seinen Rezept-Tipp brauchen. Er bezieht sein Wild „heimatnah", das heißt von Jägern, die zwischen Dieburg und Darmstadt auf die Jagd gehen, und zerlegt es selbst. Tiefgefrorenes Reh kommt bei Herrn Rudolph nicht in die Auslage. „Es schmeckt einfach nicht so gut wie frische Ware", sagt er, und in den rehlosen Zeiten gibt es genügend andere Delikatessen, zum Beispiel Wildschwein oder „Noir de Bigorre", das Schwarze Schwein aus den Pyrenäen. Bis vor kurzem noch vom Aussterben bedroht, fanden sich einige Züchter, die die geschützte Rasse wieder halten. Die Tiere leben im Freiland und ernähren sich überwiegend von Eicheln, Kastanien und Getreide. Sie wachsen so langsam, dass sich ihr Fleisch besonders aromatisch und würzig entwickeln kann. Es ist satt rot, fettdurchzogen und hat einen nussigen Geschmack. „Durch Essen vorm Aussterben bewahren," rät Herr Rudolph allen Gourmets, die am Fortbbestand alter Rassen interessiert sind. Geflügelfreunden empfiehlt er die saftigen Hähnchen, die in einem kleinen Familienbetrieb im Vogelsberg gezüchtet und geschlachtet werden. Auch die kräftig schmeckenden, goldgelben Maispoularden sind eine leckere Alternative, ebenso wie die Tauben, Wachteln, Enten, Gänse, Puter oder die berühmten Bresse-Hühner, auf die die Franzosen zu Recht so stolz sind. Wenn es in der Küche schnell gehen soll, kann man auf Wachtelspießchen, Salbeiröllchen aus der Hähnchenkeule oder gefüllten Kaninchenrollbraten zurückgreifen. Das nachfolgende Rezept ist Herrn Rudolphs Geheimtipp. Es gelingt auch Kochanfängern oder Leuten, die mit Wild bisher wenig Erfahrung haben. Herr Rudolph verspricht, dass es so zart wird, wie die Butter, in der es gart.

Rehfilet à la Rudolph

Für vier Personen:

600 g Rehfilet

Salz

schwarze Pfefferkörner

Wacholderbeeren

etwa 250 g Butter, eventuell mehr

Den Backofen auf 180 Grad vorheizen. Die Butter in einer kleinen Kasserolle zerlassen. Das Filet salzen. Pfefferkörner und Wacholderbeeren im Mörser zerstoßen und das Filet darin wälzen.

Das Fleisch in einen kleinen Bräter oder eine feuerfeste Form legen, die gerade groß genug für das Fleisch ist. Die geschmolzene Butter darübergießen, sie soll das Fleisch ganz bedecken, und im Backofen 20 Minuten garen. Das Fleisch aus der Butter heben – sie hat ihren Dienst getan und wird nun nicht mehr gebraucht – und aufschneiden. Dazu passt fruchtig-scharfer Rotkohl, wie auf der folgenden Seite beschrieben.

Apfel-Ingwer-Rotkohl

Für vier Personen:

1 mittelgroßer Rotkohl, etwa 1 bis 1,2 kg

1 Apfel

1 Stück frischer Ingwer etwa 2 cm groß

1 Esslöffel Butter

200–300 ml Rotwein

100 ml Rotweinessig, wer es süßer mag nimmt Balsamico

Salz

1 getrocknete Chilischote

1 Teelöffel Honig

1 Lorbeerblatt

1 Prise Nelkenpulver

einige Zweige Petersilie

20 g Butter

Den Rotkohl halbieren, den Strunk herausschneiden, die äußeren Blätter ablösen und wegwerfen. Den Rotkohl auf dem Gemüsehobel dünn hobeln oder mit einem scharfen Messer so fein wie möglich schneiden. Den Apfel schälen, das Kerngehäuse entfernen und in grobe Stücke schneiden. Den Ingwer schälen und in 3 mm dicke Scheiben schneiden.

In einem schweren Topf 1 Esslöffel Butter zerlassen, die Kohlstreifen andünsten, mit 200 ml Rotwein und 100 ml Essig ablöschen und zum Köcheln bringen. Mit Salz, der zerbröselten Chilischote, Ingwer und Honig würzen. Apfelstücke, Lorbeerblatt und Nelkenpulver dazugeben. Das Ganze 90 Minuten zugedeckt bei kleiner Flamme garen. Immer wieder nachschauen, ob noch genügend Flüssigkeit vorhanden ist, eventuell noch etwas Wein zugießen. Die Petersilie hacken und zum Schluss zusammen mit der Butter unter das Gemüse mischen.

Hirschragout in Portwein geschmort mit Apfelgratin

Für sechs Personen:

600 g rote Zwiebeln

1 Stück Sellerie

1 Lauchstange

1 Karotte

1 kg Hirschkeule, entbeint und in 80 g schwere Würfel geschnitten

Salz, Pfeffer

60 g Butterschmalz

1/4 l roter Portwein

1 Flasche kräftiger Rotwein, z. B. Barbera

1 Esslöffel Quittengelee

500 ml Wildfond

Die Zwiebeln, den weißen Teil der Lauchstange, den Sellerie und die Karotte grob würfeln.

Die Fleischstücke salzen und pfeffern und in einem Schmortopf im heißem Butterschmalz rundum gut anbraten und wieder herausnehmen. Die Zwiebeln und die Gemüse im Bratfett bei mittlerer Hitze gründlich andünsten. Die Fleischstücke wieder dazugeben, den Portwein dazugießen und fast vollständig einkochen lassen. Den Wein nach und nach dazugießen und immer wieder einkochen lassen. Das Quittengelee unterrühren und den Wildfond angießen. Das Fleisch zugedeckt bei milder Hitze 3 Stunden schmoren. Die Fleischstücke aus der Sauce heben, den Schmorfond durch ein Sieb passieren, die Zwiebeln und Gemüse dabei gut ausdrücken. Die Sauce eventuell noch etwas einkochen lassen und abschmecken. Das Fleisch wieder zurück in die Sauce geben und noch einmal kurz erwärmen. Dazu schmeckt das sahnig-säuerliche Apfelgratin.

Apfelgratin

Für sechs Personen:

6 Boskop

1 Zitrone

200 g Crème fraîche

300 ml Sahne

1 Prise Zucker

Den Backofen auf 180 Grad vorheizen. Die Äpfel schälen, das Kerngehäuse mit einem Apfelausstecher entfernen und in etwa 3 mm dünne Scheiben schneiden. Eine feuerfeste Form ausbuttern und die Äpfel dachziegelartig hineinschichten. Mit Zitronensaft beträufeln. Crème fraîche, Sahne und die Prise Zucker verquirlen und über die Äpfel gießen. Im heißen Backofen etwa 20 Minuten garen, bis die Oberfläche goldgelb ist und braune Spitzen bekommt.

Hasenragout

Für vier Personen:

1 kg Wildhase, das kann ein ganzer Hase sein oder nur Keulen

3 Stangen Staudensellerie

2 Zwiebeln

3 Knoblauchzehen

1 Teelöffel Fenchelsamen

1 Lorbeerblatt

1 Teelöffel schwarze Pfefferkörner

10 Wacholderbeeren

1 Zimtstange

1/2 l kräftiger Rotwein

5 Esslöffel Olivenöl

3 Zweige Thymian

1 kleine Dose geschälte Tomaten in Stücken

2 Esslöffel Tomatenmark

1/2 Bund Petersilie

Den ganzen Hasen in 10 Stücke oder die Keulen in jeweils 3 Stücke zerteilen.

Den Sellerie, die Zwiebeln und die Knoblauchzehen grob zerteilen und zusammen mit den Fenchelsamen, dem Lorbeerblatt, den Pfefferkörnern, den Wacholderbeeren, der Zimtstange und dem Rotwein in eine Schüssel geben. Die Hasenstücke hineinlegen und 24 Stunden zugedeckt im Kühlschrank marinieren.

Das Fleisch aus der Marinade nehmen und mit Küchenpapier trocken tupfen. Die Marinade durchsieben, Pfefferkörner, Wacholderbeeren und die Zimtstange entfernen, das Gemüse gut abtropfen lassen. In einem Schmortopf das Olivenöl erhitzen und die Hasenstücke rundum anbraten. Das Gemüse dazugeben und mit anbraten. Die Rotweinmarinade angießen, mit Salz und Pfeffer würzen, den Thymian dazugeben und zugedeckt bei milder Hitze 2 Stunden schmoren.

Die Hasenstücke aus dem Topf nehmen, das Fleisch von den Knochen lösen und in etwa 1 cm große Würfel schneiden. Die Petersilie abzupfen und fein schneiden. Das Lorbeerblatt herausfischen und die Sauce mit dem Pürierstab pürieren. Das Hasenfleisch, die Tomaten, das Tomatenmark und die Petersilie in die Sauce geben, abschmecken und noch 15 Minuten sämig einköcheln. Mit breiten Bandnudeln servieren.

Franco Gulino ist ein Wunder an guter Laune, und an seinem Fischstand „Mare Blu" auf der Galerie geht es so lebhaft zu wie auf einem sizilianischen Markt. Auch wenn er mindestens genauso viel Atlantikfisch wie Fische aus dem Mittelmeer anbietet, ist hier alles mediterran: die Stimmung, die Dekoration, die Lautstärke. Franco Gulino verkauft nicht nur Fisch, er ist auch ein begeisterter und begnadeter Fischkoch. Den leckeren Meeresfrüchtesalat, die gebratenen Sardinen und den Oktopussalat bereitet er selbst zu. Außerdem beglückt er seine Kunden mit täglich neuen Kreationen, die er auf speziellen Wunsch oder ganz spontan, je nach Angebot, Jahreszeit und Laune aus der Pfanne zaubert und an drei Stehtischen serviert. Franco Gulino hat mit seinen Tipps schon vielen Kunden die Angst vor der Fischzubereitung genommen. Sein Credo: Fisch immer nur so kurz wie möglich braten, zunächst ohne Öl in einer beschichteten Pfanne, dann bestes Olivenöl dazu und frische Kräuter, Gewürze, Säure in Form von Zitrone oder Wein, kurz ziehen lassen – basta.

Doradenfilets auf der Haut gebraten mit Kräuter-Olivenöl-Sauce

Für zwei Personen:

8 Cocktailtomaten

2 Knoblauchzehen

1 Zweig Estragon

1 Zweig Thymian

2 Doradenfilets

2 Esslöffel Olivenöl

etwa 100 ml Weißwein

Fleur de sel, Pfeffer

Die Cocktailtomaten halbieren. Den Knoblauch in dünne Scheibchen schneiden. Die Estragonblättchen fein hacken. Die Thymianblättchen abzupfen.

Eine beschichtete Pfanne ohne Öl erhitzen. Die Filets waschen, nicht abtrocknen, sondern nass auf der Haut 2 Minuten braten. Vorsichtig wenden und weitere 2 Minuten braten. Die Filets erneut wenden, jetzt das Olivenöl, den Knoblauch, den Estragon, die Thymianblättchen und die Tomatenhälften in die Pfanne geben. Mit einem kräftigen Schuss Weißwein ablöschen und den Fisch mit Pfeffer würzen. Die Filets noch eine Minute in der Sauce ziehen lassen, mit Fleur de Sel bestreuen und mit italienischem Bauernbrot servieren.

Gegrillter Thunfisch mit Zitronensaft, Olivenöl und Estragon

Für zwei Personen:

2 Thunfischfilets,
am besten Sushi-Qualität,
jedes etwa 2 cm dick

50 ml Olivenöl

1 Zitrone

2 Estragonzweig

Fleur de Sel, Pfeffer

Die Estragonblättchen abzupfen und fein hacken. Das Olivenöl, den Zitronensaft und den Estragon mit einer Gabel leicht verquirlen, bis die Sauce sämig wird. Eine Grillpfanne ohne Fett erhitzen und die Thunfischfilets von jeder Seite 2 Minuten grillen. So ist der Fisch innen noch rosa und wunderbar saftig. Wenn Sie ihn durchgebraten haben wollen, müssen Sie ihn entsprechend länger braten. Er wird allerdings schnell unangenehm trocken und strohig.

Den Thunfisch auf Tellern anrichten, mit Fleur de Sel und frisch gemahlenem Pfeffer würzen und die Sauce darüber träufeln. Auch dazu empfiehlt Franco Gulino nichts weiter als italienisches Bauernbrot.

Dorade im Ofen gebraten mit Tomaten und Kartoffeln

Die Dorade aus dem Ofen ist ein wunderbares Gästeessen. Sie brät sich fast von selbst in der Röhre, während Sie sich entspannt mit Ihren Gästen unterhalten können. Die Beilage liegt praktischerweise gleich mit in der Auflaufform.

Für vier Personen:

1 Dorade, etwa 1 kg, vom
Fischhändler geschuppt und
ausgenommen

500 g Tomaten

1 kg kleine Kartoffeln

2 Schalotten

4 Knoblauchzehen

Salz, Pfeffer

100 ml Olivenöl

1/2 l trockener Weißwein

Den Backofen auf 200 Grad vorheizen. Die Dorade waschen, trocken tupfen und innen und außen mit Salz und Pfeffer würzen. Die Tomaten häuten, halbieren, die Kerne entfernen und das Fruchtfleisch grob hacken. Die Kartoffeln schälen, waschen, halbieren und trocken tupfen. Die Zwiebeln schälen und in dünne Ringe schneiden. Die Knoblauchzehen schälen und fein hacken. Kartoffeln, Zwiebeln, Knoblauch und Tomaten mischen, mit Salz und Pfeffer würzen. Eine Auflaufform mit Öl einstreichen. Die Dorade in die Form legen, die Gemüsemischung um den Fisch verteilen. Den Weißwein angießen und alles mit dem Olivenöl begießen. Im heißen Ofen 40 Minuten braten, dabei die Kartoffen mehrmals wenden und den Fisch immer wieder mit dem Sud beträufeln.

Der grottenhäßliche Fisch mit dem schönen französischen Namen Lotte hat eine feste Konsistenz, ähnlich der des Hummers, und anstelle von Gräten nur ein knorpeliges Rückgrat. Er ist robuster als andere Fische, das heißt, er wird nicht so schnell trocken und zerfällt auch nicht so leicht. Außerdem verträgt er sich gut mit kräftigen Aromen, wie dem Parmaschinken in diesem Rezept.

Saltimbocca vom Seeteufel

Für zwei Personen:

300 g Seeteufel-Filet

1 Schalotte

Zitronensaft

6 Salbeiblätter

6 Basilikumblätter

6 Scheiben Parmaschinken, dünn geschnitten

2 Esslöffel Butter

1 Esslöffel Olivenöl

75 ml Weißwein

Salz, Pfeffer, Cayennepfeffer

Den Backofen auf 80 Grad vorheizen. Die Fischfilets in 6 Stücke teilen, dabei das Rückgrat herauslösen. Die Schalotte sehr fein würfeln. Die Kräuterblätter waschen und trocken tupfen. Den Fisch mit wenig Zitronensaft beträufeln und leicht pfeffern. Mit je 1 Salbei- und 1 Basilikumblatt belegen und in 1 Scheibe Parmaschinken wickeln.

Die Butter und das Olivenöl in einer beschichteten Pfanne erhitzen und die Saltimbocca-Päckchen unter Wenden bei mittlerer Hitze insgesamt 6 Minuten braten, dann herausnehmen und im Backofen warm stellen. Die Schalottenwürfel in der Pfanne glasig andünsten, mit dem Weißwein ablöschen und einkochen lassen. Die Sauce mit Salz, Pfeffer und Cayennepfeffer abschmecken. Den Fisch aus dem Ofen nehmen, auf Tellern anrichten und mit der Sauce servieren.

Rotbarben im Pergamentpapier gebacken mit Artischocken-Tomaten-Ragout

Für vier Personen:

Für das Artischocken-Tomaten-Ragout:

1 Knoblauchzehe

6 große Artischocken

1/2 Zitrone

1 Esslöffel Olivenöl

16 Kirschtomaten

4 Thymianzweige

Salz, Pfeffer

Für den Fisch:

2 Rotbarben, vom Fischhändler filetiert

50 ml Olivenöl

Salz

1 Zitrone

2 Knoblauchzehen

2 Thymianzweige

500 g grobes Meersalz

Außerdem:

4 große Bögen Pergamentpapier

1 Knoblauchzehe fein würfeln. Von den Artischocken den Stiel abbrechen, die äußeren Blätter mit der Hand entfernen, die mittleren direkt über dem Boden mit einem Sägemesser abschneiden, das Heu mit einem Löffel sorgfältig aus dem Boden kratzen und den Boden in kleine Dreiecke schneiden; in Olivenöl anbraten, bis sie etwas Farbe annehmen. Die Kirschtomaten, die Thymianzweige und den gewürfelten Knoblauch hinzufügen. Mit Salz und Pfeffer abschmecken, in eine ofenfeste Form füllen und beiseitestellen.

Den Backofen auf 200 Grad vorheizen. Die Rotbarbenfilets von beiden Seiten salzen und mit Zitronensaft beträufeln. 2 Knoblauchzehen schälen und in feine Scheiben schneiden. 4 große Stücke Pergamentpapier (siehe Tipp auf Seite 173) ausbreiten und jeweils in die Mitte etwas Olivenöl gießen. Die Fischfilets mit der Hautseite nach oben auf das Olivenöl legen, die Knoblauchscheiben und die Thymianzweige darauf verteilen. Das restliche Olivenöl über die Filets träufeln.

Das Pergamentpapier über dem Fisch und an den Seiten fest zusammenfalten. Die Päckchen auf ein mit grobem Meersalz bestreutes Backblech legen. Das Meersalz verhindert, dass das zarte Fischfilet zu innigen Kontakt mit dem heißen Backblech bekommt und trocken wird. Den Fisch und das vorbereitete Gemüse im heißen Ofen 8 Minuten garen. Das Gemüse auf Tellern anrichten, das Pergamentpapier aufschneiden und die Rotbarbenfilets auf das Ragout setzen. Den entstandenen Kräutersud über den Fisch gießen.

Gebratene Calamaretti mit Zitronen und Bröseln

Für vier Personen:

800 g Calamaretti

4 Handvoll frisch geriebene
Brotbrösel (siehe Glossar)

2 rote Chilischoten

6 Knoblauchzehen

6 Esslöffel Olivenöl

Salz, Pfeffer

1 Zitrone

1/2 Bund glatte Petersilie

Die Calamaretti wie bei den „Spaghettini mit Calamaretti" auf
Seite 87 beschrieben vorbereiten. Sehr gut abtropfen lassen.
Die Chilischoten mit einem Zahnstocher mehrmals einstechen.
Die Zitrone in sehr dünne Scheiben schneiden. Die Knoblauchze-
hen ungeschält lassen und mit dem Messerrücken leicht andrük-
ken. Die Petersilienblättchen abzupfen und hacken.

In einer großen Pfanne mit schwerem Boden die Brotbrösel
mit den Chilischoten und dem Knoblauch in 6 Esslöffeln Olivenöl
einige Minuten unter Rühren braten, bis die Brösel goldbraun
und knusprig sind. Mit Salz und Pfeffer würzen und auf einem
mit Küchenpapier ausgelegten Teller beiseitestellen. Die Pfanne
sauber wischen, einen Schuss frisches Olivenöl hineingießen
und stark erhitzen. Die Calamaretti und ihre Fangarme hineingeben, ebenso die Zitronenscheiben. Alles salzen und pfeffern.
Die Calamaretti sollten es nicht zu eng in der Pfanne haben, falls
der Platz nicht ausreicht lieber in zwei Durchgängen arbeiten.
Die Calamaretti und die Zitronenscheiben von jeder Seite etwa
1 Minute braten. Zum Schluss die beiseitegestellten Chili-Knob-
lauch-Brösel und die gehackte Petersilie darüber streuen.

Der Wolfsbarsch, der am Mittelmeer Loup de Mer und am Atlantik Bar heißt, gehört zu den edelsten Fischen und leider auch zu den teuersten. Er hat delikates, mageres Fleisch, das sehr zart ist und eine liebevolle Behandlung braucht, sonst wird es schnell trocken. Auf Nummer sicher gehen Sie, wenn Sie ihn, wie in diesem Rezept, im Ganzen schonend im Ofen braten.

Wolfsbarsch auf Fenchel und Tomaten

Für zwei Personen:

1 Wolfsbarsch von ca. 600–800 g, ausgenommen und geschuppt

3 Tomaten

1 Fenchelknolle

4 Esslöffel fruchtiges Olivenöl

Salz, Pfeffer

Den Backofen auf 210 Grad vorheizen. Die Tomaten häuten und in Scheiben schneiden. Die beiden äußeren Blätter der Fenchelknolle entfernen, den Strunk mit einem scharfen Messerchen entfernen und die Knolle in dünne Scheiben schneiden. Die Tomatenscheiben in einer feuerfesten Form verteilen, die groß genug ist für den Seewolf. Darüber die Fenchelscheiben betten, salzen und pfeffern und mit 2 Esslöffeln Olivenöl beträufeln. Die Form in den heißen Ofen schieben und zunächst nur das Gemüse 25 Minuten schmoren. Den Fisch von innen und außen salzen und einige Male quer circa 3 mm tief einschneiden, damit er gleichmäßig gart. Den Fisch auf das Gemüse legen, mit dem restlichen Olivenöl begießen und im Ofen etwa 20 Minuten garen. Nach 10 Minuten die Hitze auf 180 Grad zurückstellen. Einfach nur mit Weißbrot servieren.

Sizilianische Schwertfischrouladen

Für vier Personen:

5 Sardellenfilets in Öl oder Salz eingelegt

1 Esslöffel Kapern

4 Knoblauchzehen

1 Bund Petersilie

6 Esslöffel Olivenöl

50 g Semmelbrösel

2 getrocknete Chilischoten

Salz, Pfeffer

50 g Feta

8 dünn geschnittene Scheiben Schwertfisch à 80 g

2 Zwiebeln

1 Zitrone

125 ml Marsala

2 Lorbeerblätter

Außerdem:

Zahnstocher

In Salz konservierte Sardellenfilets und Kapern wässern, gut abspülen und trocken tupfen. In Öl konservierte nur abtupfen. Die Petersilie abzupfen. In einer Pfanne 2 Esslöffel Öl erhitzen und die Semmelbrösel goldgelb anrösten. Die Petersilienblättchen, Knoblauchzehen, Kapern und Sardellenfilets sehr fein hacken und zu den Semmelbröseln in die Pfanne geben. Die Chilischoten hineinbröseln, alles kurz anbraten und mit Salz und Pfeffer würzen.

Die Schwertfischscheiben abspülen und trocken tupfen. Die Bröselmischung darauf verteilen, den Feta fein zerkrümeln und gleichmäßig darüber streuen. Die Fischscheiben zu Rouladen aufrollen, mit Zahnstochern fixieren und leicht salzen und pfeffern.

Die Zwiebeln schälen und achteln, die Zitrone in knapp 1 cm dicke Scheiben schneiden. Das restliche Olivenöl in einer Pfanne erhitzen. Zwiebeln und Zitronenscheiben kurz darin anbraten, die Rouladen hineinlegen und von jeder Seite 1 Minute anbraten. Den Marsala angießen und die Lorberblätter dazulegen. Die Röllchen zugedeckt bei sanfter Hitze 5 Minuten schmoren, die Sauce mit Salz und Pfeffer abschmecken.

Die Rouladen mit Weißbrot servieren, die Augen kurz schließen und sich vorstellen, in einer schilfgedeckten Bude an einem sizilianischem Strand mit Blick auf den Concordia-Tempel zu sitzen. Es gelingt meistens!

Gefüllte Sardinen

Für vier Personen:

1 kg kleine Sardinen

1 Zitrone

50 g Schafskäse

4 in Öl eingelegte Sardellenfilets

1/2 Bund glatte Petersilie

100 g frisch geriebene Brotbrösel

1 Handvoll Pinienkerne

Olivenöl

einige Lorbeerblätter

3 Knoblauchzehen

50 g frisch geriebener Parmesankäse

etwas Weißwein

1 Zitrone

Die Sardinen ausnehmen, die Köpfe abschneiden und die Rückengräte vorsichtig entfernen. Die beiden Filets sollen zusammen bleiben. Wenn Sie Ihren Fischhändler ganz freundlich darum bitten, wird er diese Arbeit vielleicht für Sie übernehmen. Die Fische gründlich abspülen und abtrocknen. Innen leicht salzen und mit Zitronensaft beträufeln.

Den Schafskäse in kleine Würfelchen schneiden. Die Sardellenfilets abspülen, abtrocknen und fein hacken. Die Petersilie fein hacken. Die Hälfte der Brotbrösel in etwas Olivenöl goldbraun rösten und mit den Käsewürfeln, der Hälfte der Petersilie, den Sardellen und den Pinienkernen mischen. Die Masse in die Sardinen füllen. Die Sardinen eng nebeneinander in eine mit Öl ausgepinselte Gratinform legen und einige Lorbeerblätter dazwischen stecken. Die Knoblauchzehen fein hacken, mit der restlichen Petersilie, dem geriebenen Parmesan und den restlichen Bröseln mischen und über die Sardinen streuen. Mit etwas Olivenöl und Weißwein begießen und im auf 225 Grad vorgeheizten Backofen 15 Minuten backen, bis die Brösel Farbe angenommen haben. Mit Zitronenschnitzen servieren.

Wenn Sie die Sardinen selbst ausnehmen, macht das Rezept schon ein bisschen Arbeit. Aber nach dem dritten Fisch, haben Sie kapiert, wie es funktioniert und die Arbeit geht rasch von der Hand. Und wenn die Gratinform erst auf dem Tisch steht, ist alle Mühe vergessen und Sie sind nur noch glücklich. Versprochen! Ihr Portemonnaie wird sich übrigens auch freuen, denn dieses Essen ist angenehm preiswert.

Wenn Fisch nicht nach Fisch riecht, sondern nach Meer, dann ist er frisch. Wenn diese alte Regel stimmt, ist der Fisch bei René Laudigeois auf der Galerie taufrisch, denn es riecht nach Atlantik. Das ist kein Wunder, sondern Logistik. Renés Ware kommt überwiegend aus Frankreich. Hier holen die Fischer an den über 3000 Kilometer langen Küsten etwa 150 Fischarten, Muscheln und Krebstiere aus dem Wasser. Was die Fischer in den frühen Morgenstunden an Land bringen, erreicht schon wenige Stunden später Paris, wird in Flugzeuge verladen und am Abend kann René seine Bestellung am Frankfurter Flughafen in Empfang nehmen. Am nächsten Tag beglücken René Laudigeois, Frank Liedemann, Cigdem und Sengul Frankfurter Fischfreunde mit Seehecht, Sardellen und Sardinen aus dem Mittelmeer. Loup de Mer, Seezunge, Seeteufel, Jacobsmuscheln und alle Arten von Schalentieren kommen aus dem Atlantik, Sepia, Kalmar und Seezunge aus dem Ärmelkanal.

Jakobsmuscheln Oléron von René Laudigeois

Für zwei Personen:

50 g frisches Weißbrot

8 ausgelöste Jakobsmuscheln mit Corail

2 kleine Schalotten

1 Esslöffel kalte Butter

Butterflöckchen

Salz, weißer Pfeffer

Den Backofen auf 200 Grad vorheizen. Das Weißbrot im Mixer fein zerbröseln. Das Muschelfleisch halbieren, den Corail ganz lassen. Die Jakobsmuschelhälften und die Corails nebeneinander in eine gebutterte Auflaufform setzen. Die Schalotten fein hacken und in Butter andünsten. Auf jede Jakobsmuschelhälfte Schalottenwürfel, Weißbrotbrösel und einige Butterflöckchen platzieren. Die Muscheln für 5 bis 6 Minuten im 200 Grad heißen Backofen garen.

Die besten Jakobsmuscheln kommen aus dem nördlichen Atlantik. Die Fangsaison dort dauert von November bis etwa Mitte April. Es gibt aber das ganze Jahr über tiefgefrorene und in Lake eingelegte Muscheln. René Laudigeois rät dazu, die feinen Jakobsmuscheln ohne großen Schnickschnack zuzubereiten: „Ihr Geschmack ist so fein, dass er unter schweren Sahne- oder Béchamelsaucen, die gerne zu den Muscheln serviert werden, verloren geht."

Tipp: Wenn Sie Jakobsmuscheln in der Schale bekommen, lassen Sie sich die Muscheln auslösen und die Schalen vom Fischhändler mitgeben. Sie können das Muschelfleisch in den Schalen garen und auch darin servieren.

Dorade mit asiatischer Sauce
von Frank Liedemann

Für zwei Personen:

1 kleine Dorade

etwas Mehl

1 Bund Frühlingszwiebeln

2 Knoblauchzehen

1 rote Chilischote

2 Esslöffel Pflanzenöl

2 Esslöffel Butter

1/2 Bund Koriander

50 ml Weißwein

2 Esslöffel milde Sojasauce

Salz, Pfeffer

Die Dorade vom Fischhändler ausnehmen und schuppen lassen.

Den Backofen auf 180 Grad vorheizen. Die Dorade innen und außen salzen und pfeffern und leicht mehlieren. Das Weiße und Hellgrüne der Frühlingszwiebeln in feine Ringe schneiden. Die Knoblauchzehen fein hacken, die Chilischote längs halbieren, entkernen und in feine Ringe schneiden. Die Korianderblättchen abzupfen und fein hacken.

Die Dorade in Pflanzenöl in einer großen Pfanne bei mittlerer Hitze von beiden Seiten anbraten. Den Fisch in eine geölte Auflaufform legen und im heißen Backofen je nach Größe 15 bis 20 Minuten braten. In der Zwischenzeit in der Fischpfanne etwas Butter erhitzen, die Frühlingszwiebeln, den Knoblauch und die Chilischote anbraten. Mit einem Schuss Weißwein und der Sojasauce ablöschen und kurz köcheln lassen. Die Sauce zur Dorade servieren und mit dem gehackten Koriander bestreuen.

Sauce für rohen oder kurzgebratenen Fisch

Frühlingszwiebeln, eingelegte Ingwerscheiben und Koriander fein hacken. Die Gemüse mit milder japanischer Sojasauce, einem Schuss Sesamöl und etwas vom Sud des eingelegten Ingwer mischen, abschmecken und zum Fisch servieren.

Seezunge im Ofen gegart mit Garnelensauce von Frank Liedemann

Für zwei Personen:

1 Seezunge

etwas Mehl

Salz, weißer Pfeffer

Pflanzenöl

1/2 Bund glatte Petersilie

250 Champignons

1 Schalotte

100 g gekochte geschälte Garnelen

125 ml süße Sahne

1/2 Zitrone

Die Seezunge vom Fischhändler ausnehmen und häuten lassen, Kopf und Flossen abschneiden.

Den Backofen auf 170 Grad vorheizen. Den Fisch salzen und mehlieren, in Öl anbraten, dabei ganz leicht bräunen. Eine Auflaufform mit Öl einreiben und den Fisch im vorgeheizten Ofen je nach Größe 15 bis 20 Minuten garen. In der Zwischenzeit die Petersilie abzupfen und fein hacken. Die Champignons putzen und in sehr feine Würfel schneiden. Die Schalotte fein hacken. Champignons und Schalotte in Öl andünsten, die Garnelen dazugeben, die süße Sahne hineingießen mit Salz, weißem Pfeffer und Zitronensaft abschmecken. Die Sauce sämig einkochen und die gehackte Petersilie darüberstreuen. Die Seezunge aus dem Ofen nehmen, die beiden oberen Filets vorsichtig zur Seite klappen und die Sauce darübergießen.

Lachs mit Ingwergemüse in Pergamentpapier gebacken

Für vier Personen:

4 Lachsfilets à 180 g
100 g Knollensellerie
1 Karotte
1 Stange Lauch
100 g Champignons
4 Fleischtomaten
10 Basilikumblätter
2 cm frische Ingwerwurzel
1/4 l Gemüsebrühe
etwas Zitronensaft
Salz, Pfeffer
Pergamentpapier

Den Backofen auf 200 Grad vorheizen. Das Gemüse putzen und in feine Streifen schneiden. Die Selleriestreifen mit Zitronensaft beträufeln, damit sie schön weiß bleiben. Die Tomaten enthäuten, entkernen und würfeln. Den Ingwer schälen und sehr fein hacken. Die Gemüsestreifen und die Tomatenwürfel mit der Gemüsebrühe vermischen, mit Salz und Pfeffer würzen und den gehackten Ingwer untermischen. Die Basilikumblätter in feine Streifen schneiden.

Das Lachsfilet mit Salz und Pfeffer würzen. 4 große Bögen Pergamentpapier ausbreiten (Tipps zum Backen in Pergamentpapier finden Sie auf Seite 173). Auf je eine Hälfte des Papiers etwas Gemüse geben, darauf die Lachsscheiben legen und Basilikumstreifen darüber streuen. Das Papier über dem Fische fest zusammenfalten, auch an den Seiten mehrmals falten. Die Päckchen auf ein Backblech setzen und den Fisch im vorgeheizten Backofen etwa 10 bis 15 Minuten garen. Dabei sollte sich das Pergamentpapier schön aufblähen. Zum Anrichten die Päckchen aufschneiden und auf Teller platzieren. Am Schönsten ist es, wenn jeder Esser sich sein Päckchen selbst auspackt.

Fischragout mit Muscheln in Tomatensauce

Entgegen der häufig zu hörenden Empfehlung, Muscheln nur in den Monaten mit „r" zu verzehren, erklärt René Laudigeois von „Fisch auf der Galerie", dass Miesmuscheln am besten im Mai schmecken. Die „r"-Regel bezog sich auf die schlechten Lager- und Transportbedingungen früherer Tage.

Für vier Personen:

2 Frühlingszwiebeln

2 Stangen Staudensellerie

1 Knoblauchzehe

1 Schalotte

1 rote Paprikaschote

3 Esslöffel Olivenöl

1/4 l trockener Weißwein

1 große Dose geschälte Tomaten in Stücken

1 Bund glatte Petersilie

2 Zweige Basilikum

1 Teelöffel Fenchelsamen

Salz, Pfeffer

500 g Muscheln, je nach Vorliebe und Angebot Mies-, Venus- oder Herzmuscheln

600 g festfleischiges Fischfilet, z. B. Kabeljau, Rotbarsch, Seelachs oder Seeteufel

8 rohe Garnelen mit Schale

Die Frühlingszwiebeln und den Staudensellerie putzen und in feine Scheiben schneiden. Knoblauch und Zwiebel fein schneiden. Die Petersilie und das Basilikum abzupfen und hacken. Die Papriakschote klein würfeln.

Das Olivenöl in einem Topf erhitzen und das Gemüse andünsten. Den Weißwein angießen und etwas einkochen lassen. Die Tomaten mit Saft und die Petersilie dazugeben. Den Fenchelsamen im Mörser zerstoßen und zu den Tomaten geben. Salzen und pfeffern und 10 Minuten köcheln lassen.

In der Zwischenzeit die Muscheln putzen und waschen – offene Muscheln unbedingt wegwerfen. Das Fischfilet in 3 cm große Würfel schneiden. Die Garnelen schälen, den Schwanz dranlassen. Die Muscheln, den Fisch und die Garnelen in die Sauce geben und 8 Minuten sanft ziehen lassen.

Abschmecken und mit den Basilikumblättchen bestreut servieren.

Kabeljaufilet mit Limetten-Kapern-Butter

Für vier Personen:

5 Limetten

800 g Kabeljaufilet

60 g Butter

3 Esslöffel Kapern

Salz, Pfeffer

2 Esslöffel Olivenöl

Die Limetten mit einem scharfen Messer schälen und über einer Schüssel filetieren, um den Saft aufzufangen. Den Limettenrest mit der Hand auspressen. Die Kapern abspülen und abtropfen lassen. Das Kabeljaufilet in 4 Stücke schneiden, abspülen, trocken tupfen und mit Salz und Pfeffer würzen. Den Kabeljau in Olivenöl von jeder Seite 3 Minuten braten. Die Butter, Kapern und Limettenfilets mit dem Saft zugeben, weitere 3 Minuten braten, dabei den Fisch mehrmals mit der heißen Butter beträufeln. Mit Salzkartoffeln oder Weißbrot servieren.

Kapern sind die Blütenknospen des Kapernstrauchs, der im ganzen Mittelmeerraum wild wächst oder kultiviert wird. Lange Zeit war die Kaper in Deutschland nur als Beigabe für Königsberger Klopse bekannt und ein eher unbeliebter Sauertopf. Mit dem Einzug der mediterranen Küche erfährt sie neue Wertschätzung, denn sie ist durchaus in der Lage, Pepp in Gerichte zu bringen, die nach Säure verlangen. Je kleiner die Kaper ist, desto feiner schmeckt sie. In Italien heißen die kleinsten Kapern „Lacrimelle", „Tränchen", und kommen von der liparischen Insel Salina und aus Pantelleria. Das französische Pendant heißt Nonpareilles. In Italien werden Kapern nicht nur in Essiglake eingelegt, sondern auch in Salz. Das Salz entzieht der Knospe das Wasser und konserviert ihr feines Aroma. Wenn Sie eingesalzene Kapern verwenden, sollten Sie diese mindestens 10 Minuten wässern und gründlich abspülen, sonst werden sie Ihr Essen versalzen.

Aus den Kapernblüten entwickeln sich Früchte, die fast so groß sind wie Oliven und Kapernäpfel heißen. Sie werden in Italien als Delikatesse gehandelt und zum Aperitivo gegessen.

Rotbarsch auf Zwiebel-Paprika-Gemüse mit Pinienkernen

Für vier Personen:

je 2 rote und gelbe Paprika

2 Knoblauchzehen

2 Gemüsezwiebeln

4 Rotbarschfilets
à etwa 200 g

1 Zitrone

Salz, Pfeffer

6 Esslöffel Olivenöl

125 ml trockener Weißwein

2 Lorbeerblätter

1 Esslöffel Pinienkerne

Den Backofen auf 250 Grad vorheizen. Die Paprika halbieren und putzen, mit den Schnittflächen nach unten auf ein Backblech legen und im heißen Ofen etwa 15 Minuten braten, bis die Haut Blasen wirft. Dann herausnehmen, mit einem feuchten Küchentuch bedecken und etwas abkühlen lassen. Die Haut abziehen und die Paprika in 3 cm große Rechtecke schneiden.

Den Knoblauch und die Zwiebeln schälen, den Knoblauch hacken, die Zwiebeln halbieren und in Scheiben schneiden. Die Fischfilets abspülen und trocken tupfen. Mit Zitronensaft beträufeln, salzen und pfeffern. 3 Esslöffel Öl in einer Pfanne erhitzen und die Zwiebeln bei mittlerer Hitze andünsten, bis sie weich und zart gebräunt sind. Knoblauch und Paprika untermischen und kurz mitdünsten. Mit dem Wein ablöschen, die Lorbeerblätter dazulegen und nochmals mit Salz und Pfeffer würzen. Das Gemüse unbedeckt 5 Minuten bei mäßiger Hitze ziehen lassen.

Das übrige Öl in einer Pfanne erhitzen und die Fischfilets darin etwa 2 Minuten pro Seite braten. Die Filets auf das Gemüse legen und weitere 5 Minuten unbedeckt ziehen lasssen. In der Zwischenzeit die Pinienkerne ohne Fett in einem Pfännchen hellbraun rösten und über den Fisch streuen.

Zander mit Meerrettich auf Lauchgemüse

Für zwei Personen:

1 Bund glatte Petersilie

1 Schalotte

1 Knoblauchzehe

2 Stangen Lauch

3 Esslöffel frisch geriebene Brotbrösel

2 Zanderfilets à 200 g

1/8 l Fischfond

1 Stück Meerrettich

Salz, Pfeffer

50 g Butter

Den Backofen auf 80 Grad vorwärmen. Die Petersilie, die Schalotte und den Knoblauch fein hacken. Die harten äußeren Blätter vom Lauch entfernen. Die Stangen halbieren, gründlich waschen und die Hälften in Salzwasser blanchieren. Den Lauch abgießen, in kaltem Wasser abschrecken und in 10 cm lange Stücke schneiden. Die Stücke in eine gebutterte Auflaufform legen, mit etwas Pfeffer würzen, mit 1 Esslöffel geriebenen Brotbröseln, der Hälfte der Petersilie und 20 g Butterflöckchen bestreuen und in den warmen Ofen stellen.

Die Zanderfilets mit Salz und Pfeffer würzen. 1 Esslöffel Butter in einer Pfanne erhitzen und den Fisch von beiden Seiten je 3 Minuten braten. Aus der Pfanne nehmen, in eine feuerfeste Form legen und ebenfalls im Backofen warm stellen. In der Pfanne Schalotten und Knoblauch andünsten, mit dem Fischfond ablöschen und etwas einkochen lassen. Den Meerrettich reiben, Sie brauchen etwa 4 Esslöffel. Den Meerrettich mit den restlichen Brotbröseln und der restlichen Petersilie vermischen, die gedünsteten Schalotten und den Knoblauch untermischen und mit Salz und Pfeffer abschmecken. Diese Masse auf die Zanderfilets streichen, den Rest der Butter in Flöckchen daraufsetzen. Den Zander und das Lauchgemüse unter dem Grill etwa 4 Minuten gratinieren und zusammen anrichten.

Meerrettich wird im Herbst geerntet, frisch ist er deshalb nur im Winterhalbjahr zu haben. Für den Rest des Jahres gibt es Ersatz in Gläsern und Tuben, der aber, wie so oft bei konservierten Lebensmitteln, mit der frischen Wurzel nicht konkurrieren kann. Beim Reiben der scharfen Knolle wird Senföl freigesetzt, das die Augen zum Tränen bringt, dafür aber die Atemwege freimacht. Meerrettich ist reich an Vitamin C und B und überhaupt das reinste Wundermittel: er soll stark antibakteriell wirken, schleimlösend, hustenlösend, blutdruckstärkend, cholesterinsenkend und verdauungsfördernd. Und er ist die einzig stilvolle Begleitung zu Frankfurter Würstchen – das behauptet jedenfalls der schon einmal auf Seite 174 zitierte Waverley Root.

Seit fast 100 Jahren lebt die Familie Burkard vom Fisch. Franz Burkard, der heute die Geschäfte führt, hat schon als 14-Jähriger seinem Vater und Großvater beim Fischverkauf in der Kleinmarkthalle geholfen. Sein Reich ist ein kühler Raum im Souterrain mit einem gekachelten Becken im Zentrum. Darin tummeln sich Forellen, Bachsaiblinge, Rotaugen, Zander, Bressen und Karpfen – zumindest so lange, bis sie von Fischfreunden als Mittag- oder Abendessen ausgedeutet werden. Ein Teil des Fischs kommt auch heute noch aus dem Main bei Seligenstadt, einem Ort mit langer Fischereitradition und Heimatstadt der Burkards. Bereits 1546 wurde die Fischerzunft gegründet. Zur Zeit hat sie 70 Mitglieder, die berechtigt sind, einen 20 km langen Abschnitt des Mains mit Netzen zu befischen. Sieben Aktive nutzen dieses Privileg und fahren mit ihren Booten, den sogenannte Nachen, aus. Auch die Burkards gehören dazu. Ein einziges Mal ist ihnen ein richtig schwerer Brocken, ein Wels von 25 kg und 1,20 Meter Länge ins Netz gegangen. 16 bis 17 Kilo schwere Karpfen gab es schon häufiger, aber längst nicht oft genug, um damit das tägliche Brot zu verdienen. Deshalb beziehen die Burkards die Karpfen aus dem fränkischen Seengebiet bei Neustadt an der Aisch. Die Forellen kommen aus eigenen Zuchtteichen in Seligenstadt, auch die geräucherten Exemplare werden selbst hergestellt.

Forelle blau

Für sechs Personen:

2 Sellerieblätter

2 dünne Stangen Lauch

4 Petersilienstängel

3–4 große Zwiebeln

350 ml Gurken-Essig
(gibt's im Supermarkt)

2 Esslöffel Salz

2 Esslöffel Zucker

1 Päckchen Gurkengewürz
(gibt's im Supermarkt)

350 ml trockener Weißwein

6 Forellen, küchenfertig
vorbereitet

150 g Butter

1/2 Bund Petersilie

3 Zitronen

Die Sellerieblätter, die geputzten Lauchstangen und die Petersilienstängel zusammenbinden. Die Zwiebeln schälen und in Ringe schneiden. 3 l Wasser mit den Zwiebeln, dem gebundenen Suppengrün, dem Gurkenessig, Salz, Zucker und Gurkengewürz in einem großen Bräter zum Kochen bringen. Den Sud 15 Minuten kochen lassen, den Wein dazugießen und aufkochen lassen. Die Forellen hinein legen und wieder kurz aufkochen lassen. Dann auf kleinster Flamme, je nach Größe der Fische, 15 bis 20 Minuten ziehen lassen.

In der Zwischenzeit die Butter schmelzen, die Petersilie abzupfen und fein schneiden. Die Zitronen halbieren. Die Forellen auf vorgewärmte Teller legen, mit der Butter beträufeln und mit Petersilie bestreuen. Mit den Zitronenhälften servieren. Dazu passen Salzkartoffeln oder Weißbrot und Salat.

Wenn Sie das Gurkengewürz selbst zusammenstellen wollen, brauchen Sie: 1 Teelöffel Senfkörner, 1/2 Teelöffel schwarze Pfefferkörner, 1 Messerspitze gemahlenen Koriander, 1 Lorbeerblatt, 1 Messerspitze Ingwerpulver, 5 Wacholderbeeren, 1 Messerspitze Piment und 2 Nelken.

Zitronenparfait

Dieses Rezept ist unserer Lieblingslektorin Tina Schreck aus München gewidmet, der größten Zitronenparfaitliebhaberin unter dieser Sonne.

Für acht bis zehn Personen:

etwa 3–4 Zitronen
für 50 ml Saft

1 Vanilleschote

100 g Pistazien

200 g Zucker

4 Eigelbe

2 Eier

500 g Sahne

40 ml Limoncello,
gibt's selbstgemacht von
Nella Masi am „Alla Vita
Buona"-Stand

Die Schale von 1 Zitrone abreiben. Die Zitronen auspressen, Sie brauchen 50 ml Saft. Die Vanilleschote aufschlitzen und das Mark herauskratzen. Die Pistazien hacken. Eine Kastenform, für circa 1 1/2 l Inhalt, mit Klarsichtfolie auslegen. Den Zitronensaft mit 100 g Zucker in einen kleinen Topf geben, zum Kochen bringen und einmal aufkochen lassen.

Die Eigelbe und die beiden Eier mit dem restlichem Zucker und dem Vanillemark schaumig schlagen. Den noch heißen Zitronen-Zuckersirup unter Rühren dazugießen. Die Zitronenschale untermischen und so lange weiterschlagen, bis eine dickschaumige Masse entstanden ist.

Die Sahne steif schlagen und ein Drittel davon mit dem Limoncello unter die schaumige Masse rühren. Den Rest vorsichtig unterziehen, nicht mehr zu heftig rühren, sonst fällt die Sahne wieder zusammen. Die gehackten Pistazien in die Kastenform füllen, die Zitronenmasse darauf gießen und glattstreichen. Einen passend zugeschnittenen Streifen Backpapier auf die Creme legen. Das Parfait im Gefrierfach mindestens 6 Stunden, am besten über Nacht, vollkommen durchfrieren lassen. Die Form etwa 30 Minuten vor dem Servieren aus dem Tiefkühlgerät nehmen und das Parfait im Kühlschrank temperieren. In Scheiben schneiden und auf gekühlten Tellern anrichten. Mit der Orangensauce von Seite 220 serviert, ist es nach Aussage von Frau Schreck „zum Niederknien".

Mohnparfait

Für sechs bis acht Personen:

300 ml Milch

1 Vanilleschote

70 g Mohn, grob gemahlen

2 Esslöffel Honig

3 Eigelbe

100 g Zucker

300 ml Crème double

Eine Kastenform für circa 1 l Inhalt mit Klarsichtfolie auslegen. Die Milch in einen kleinen Topf gießen. Die Vanilleschote längs aufschlitzen, das Mark auskratzen und zusammen mit der Schote in die Milch geben. Bei milder Hitze langsam aufkochen. Den Mohn und den Honig dazugeben, gut umrühren und 5 Minuten köcheln lassen. Den Topf vom Herd nehmen und die Vanilleschote herausnehmen.

Die Eigelbe mit dem Zucker in einer hitzefesten Schüssel (am besten in einer Metallschüssel mit rundem Boden) mit einem Schneebesen schaumig schlagen. Dann über einem leicht siedenden Wasserbad weiterschlagen. Die Milchmischung dabei langsam dazugießen. So lange weiterschlagen, bis die Masse dickcremig ist. Danach abkühlen lassen.

Die Crème double mit dem Schneebesen cremig aufschlagen und unter die abgekühlte Mohnmasse rühren. Die Masse in die Kastenform füllen. Mindestens 6 Stunden, am besten über Nacht, in das Gefrierfach stellen. Die Form etwa 30 Minuten vor dem Servieren aus dem Tiefkühler holen und das Parfait im Kühlschrank temperieren. Das Parfait stürzen und in Scheiben schneiden. Mit Bitterschokoladentäfelchen und einer Fruchtsauce aus pürierten Erdbeeren, der Orangensauce von Seite 220, Himbeeren oder gemischten Beeren servieren. Ein Knüller.

Frisch gemahlenen Mohn bekommen Sie am Gewürzstand Karl Müller. Sie müssen allerdings mehr als 70 g abnehmen. Den Rest können Sie problemlos einfrieren – oder die Tagliatelle mit Mohn und Kerbel von Seite 92 zubereiten.

Erdbeer-Joghurtparfait

Für vier Personen:

1 Vanilleschote

500 g Erdbeeren

4 Eigelbe

100 g Zucker

150 g Joghurt

250 ml Sahne

einige frische Erdbeeren

Minze- und Melisseblättchen zum Garnieren

Die Vanilleschote mit einem scharfen Messer längs aufschneiden und das Mark herauskratzen.

Die Erdbeeren waschen, den grünen Kelch entfernen, die Früchte pürieren. Die Eigelbe mit dem Zucker und dem Vanillemark schaumig schlagen, bis sich der Zucker aufgelöst hat. Den Joghurt und das Erdbeerpüree unter den Eischaum rühren. Die Sahne steif schlagen und unterheben. Eine kleine, rechteckige Form mit Klarsichtfolie ausschlagen, die Erdbeercreme einfüllen und mindestens 6 Stunden, besser über Nacht, in das Gefrierfach stellen. Die Form etwa 30 Minuten vor dem Servieren aus dem Tiefkühlgerät nehmen und das Parfait im Kühlschrank temperieren. Das Parfait stürzen, die Folie abziehen und in Scheiben schneiden. Auf Desserttellern anrichten und mit frischen Erdbeeren und Minze- oder Melisseblättchen garnieren.

Orangensauce

Für sechs Personen:

6 Orangen

1 Zimtstange

50 g Zucker

10 g Speisestärke

2 Teelöffel Orangenlikör

3 Orangen schälen, dabei die weiße Haut entfernen und die Filets zwischen den Trennhäuten herausschneiden. Den Saft auffangen. Die restlichen 3 Orangen auspressen, vorher von einer Orange die Schale abreiben. Den Orangensaft und die Orangenschale mit der Zimtstange und dem Zucker aufkochen. Die Speisestärke mit wenig Wasser anrühren, in den Saft rühren und 3 Minuten kochen lassen. Die Zimtstange entfernen, den Likör unterrühren und die Orangenfilets unterheben. Abkühlen lassen und zum Zitronen- oder Mohnparfait servieren.

Aprikosen-Mandel-Flan

Für sechs Personen:

150 g weiche Butter

150 g feiner Zucker

3 Eier

150 g Mandeln

1 kg Aprikosen

2 Esslöffel Puderzucker

Den Backofen auf 180 Grad vorheizen. Die Mandeln in kochendem Wasser kurz blanchieren, abgießen und etwas abkühlen lassen. Die Mandeln aus ihrem Häutchen drücken und grob hacken. Die Aprikosen ebenfalls kurz blanchieren, häuten, halbieren und den Kern entfernen.

Butter, Zucker und Eier schaumig schlagen. Die Mandeln zufügen und den Teig in eine ofenfeste Form von circa 30 cm Durchmesser füllen. Die Aprikosenhälften mit der Schnittfläche nach unten in die Masse drücken. Etwa 45 Minuten backen, bis der Flan fest und oben leicht gebräunt ist. Wenn der Teig zu sehr bräunt, die Hitze reduzieren und eventuell ein Stück Alufolie auf die Oberfläche legen. Den Flan lauwarm mit Puderzucker bestreut servieren, wer mag reicht Schlagsahne oder Vanilleeis dazu.

Wenn die Aprikosensaison vorbei ist, können Sie diesen Flan auch mit Birnen zubereiten. Die Birnen werden geschält, entkernt und halbiert. Sehr feste Früchte müssen zuvor etwa 5 bis 10 Minuten in wenig Wasser dünsten, bis sie etwas weicher sind.

Clafoutis

Für vier Personen:

75 g Butter

650 g Sauerkirschen

3 Eier

90 g Puderzucker

1 Prise Salz

125 g Mehl

200 ml Milch

Puderzucker zum Bestäuben

Die Kirschen waschen, entkernen und in einem Sieb abtropfen lassen. Eine feuerfeste Form mit Butter ausstreichen und mit etwas Mehl bestäuben. Die restliche Butter schmelzen und abkühlen lassen. Die Eier mit dem Puderzucker schaumig rühren, Mehl, Butter und Salz hineingeben und unterrühren. Die Milch zugeben und kräftig verrühren, bis ein glatter klümpchenfreier Teig entsteht. Den Teig 15 Minuten ruhen lassen. Die Kirschen in die Form füllen, den Teig darübergießen.

Im vorgeheizten Backofen bei 200 Grad etwa 45 Minuten backen, wenn die Oberfläche zu braun wird, die Temperatur etwas verringern. Lauwarm mit Puderzucker bestreut oder kalt mit eiskalter Sahne, Vanillesauce oder Vanilleeis servieren.

Im Originalrezept aus der Auvergne und dem Limousin werden die Kirschen nicht entsteint, damit der Bittermandelgeschmack der Kerne in den Saft und den Teig zieht; da der Clafoutis dann aber recht mühsam zu essen ist, favorisieren wir die entsteinte Version.

Rhabarber Crumble

Für vier Personen:

500 g Rhabarber

2 Esslöffel Orangensaft

1 Päckchen Vanillezucker

Zucker nach Geschmack

1 Esslöffel Vanille-puddingpulver

Streusel:

90 g brauner Zucker

50 g Mehl

40 g Haferflocken

1/2 Teelöffel Zimt

Salz

60 g weiche Butter

Die Rhabarberstangen putzen und entfädeln. In 1 cm lange Stücke schneiden und mit dem Orangensaft, dem Zucker und Vanillezucker 3 Minuten dünsten. Mit einem Schaumlöffel aus dem Topf heben und auf dem Boden einer feuerfesten Auflaufform verteilen. Den Rhabarber mit dem Puddingpulver bestäuben.

Den Backofen auf 180 Grad vorheizen. In einer Schüssel den braunen Zucker, das Mehl, die Haferflocken, Zimt und 1 Prise Salz vermischen, so viel Butter einkneten, bis sich Streusel bilden. Diese auf den Rhabarber krümeln und im heißen Ofen in 25 bis 30 Minuten goldbraun backen. Der Rhabarber Crumble schmeckt lauwarm oder kalt.

Rhabarber Crumble braucht keine weitere Beigabe, verträgt sich aber bestens mit Schlagsahne, leicht aufgeschlagener Crème fraîche oder Vanilleeis.

Quarkgratin mit Pflaumen

Für vier Personen:

500 g Magerquark

1 Teelöffel Butter

20 g Löffelbiskuits

450 g Pflaumen

30 g Pistazien

4 Eier

1 Zitrone

60 g Puderzucker

1/4 Teelöffel Zimt

1 Esslöffel Speisestärke

etwas Puderzucker

Den Quark mindestens 1 Stunde in einem, mit einem Mulltuch ausgelegten, Sieb abtrofen lassen. Den Backofen auf 225 Grad vorheizen. Eine Gratinform mit Butter ausstreichen. Die Löffelbiskuits fein zerbröseln. Das geht am besten, wenn man sie in eine Plastiktüte packt und mit einem Nudelholz bearbeitet. Die Brösel in die Form streuen. Die Pflaumen halbieren, entsteinen und in schmale Spalten schneiden. Die Pistazien mit einem schweren Messer grob hacken. Die Schale der Zitrone abreiben, den Saft auspressen. Die Eier trennen und die Eigelbe mit dem Zitronensaft und der Zitronenschale, dem Puderzucker und dem Zimt mit dem Handrührer schaumig schlagen. Die Speisestärke sieben und unterrühren. Den abgetropften Quark dazugeben und unterheben.

2 Eiweiß steif schlagen, die beiden anderen Eiweiß werden für dieses Rezept nicht gebraucht. Den Eischnee behutsam unter die Quarkmasse ziehen. Die Masse in die Form füllen, mit den Pflaumenspalten belegen und mit den Pistazien bestreuen. Im heißen Backofen 25 bis 30 Minuten backen. Etwas abkühlen lassen und mit Puderzucker bestreut servieren.

Eine wunderbar luftig-lockere Nachspeise, die mit Pfirsichen oder Nektarinen ebenfalls prima schmeckt.

Latte dolce fritto: Gebackene süße Creme

Für sechs bis acht Personen:

6 Eier

150 g Zucker

125 g Mehl

1 l Milch

2 Zitronen

1 Prise Zimt

Puderzucker

etwa 8 Esslöffel Semmel-
brösel

mildes Pflanzenöl

Zimt und Zucker

4 Eier trennen, das Eiweiß kühl stellen. Die Eigelbe und 2 ganze Eier mit dem Zucker in einer wasserbadtauglichen Schüssel schaumig schlagen. Das Mehl langsam hineinrieseln lassen und gut unterrühren. Die Milch in mehreren Portionen dazu gießen und rühren, bis eine glatte Masse ohne Klümpchen entsteht. Den Teig 30 Minuten quellen lassen.

Die Schale der beiden Zitronen abreiben und mit dem Zimt in den Teig rühren. Den Teig im siedenden Wasserbad unter ständigem Rühren allmählich zum Kochen bringen. Einmal kurz aufkochen lassen, die Masse sollte nun eine dickliche, cremige Konsistenz haben. Den Topf vom Herd ziehen und die Creme einige Minuten ausquellen lassen, danach 2 cm hoch auf ein geöltes Backblech mit ausreichend hohem Rand streichen. Die Creme erkalten lassen.

Die erstarrte Creme in Rauten schneiden. Das gekühlte Eiweiß zu einem halbfesten, cremigen Schnee schlagen und die Rauten darin eintauchen. Dann in den Semmelbröseln wenden und in reichlich heißem Öl ausbacken. Sobald die Rauten goldbraun sind, mit einem Schaumlöffel herausheben und kurz auf Küchenpapier abtropfen lassen. Mit einer Mischung aus Zimt und Zucker bestreuen und noch heiß servieren.

Die Semmelbrösel am besten aus altbackenen Brötchen selbst reiben. Wenn Sie nicht selbst reiben mögen, nehmen Sie Semmelbrösel vom Bäcker, keinesfalls das Panadenzeugs aus dem Supermarkt.

Dieses raffinierte Dessert aus Ligurien macht, wie viele gute Dinge, etwas Arbeit. Aber wenn Sie es erst einmal probiert haben, wollen Sie es immer wieder haben und werden die Zeit gerne investieren. Außerdem lässt es sich gut vorbereiten und muss später nur noch paniert und ausgebacken werden.

Arme Ritter mit Zwetschgenkompott

Für vier Personen:

Kompott:

500 g Zwetschgen

2 Esslöffel Zucker

250 ml Rotwein

1 Zimtstange

4 Pimentkörner

5 g Vanille-Puddingpulver

Arme Ritter:

2 Milchbrötchen, 2 Tage alt

1/2 Vanilleschote

200 ml Schlagsahne

30 g Puderzucker

2 Eier

3 Esslöffel Pflanzenöl

30 g Butter

30 g Zucker

Die Zwetschgen halbieren, entsteinen und in Spalten schneiden. Den Zucker in einem Topf hellbraun karamellisieren und mit dem Rotwein ablöschen. Den Zimt und die im Mörser angequetschten Pimentkörner dazugeben. Bei mittlerer Hitze 10 Minuten einkochen lassen. Das Puddingpulver mit etwas Wasser glattrühren, den Weinsud damit binden. Die Zwetschgen zugeben, aufkochen und 5 Minuten köcheln lassen, anschließend abkühlen lassen.

Die Milchbrötchen in 2 cm dicke Scheiben schneiden. Die Vanilleschote längs halbieren und das Mark herauskratzen. Das Mark mit der Sahne, dem Puderzucker und den Eiern verquirlen. Das Öl in einer beschichteten Pfanne erhitzen. Die Brötchenscheiben in der Sahne wenden, bis sie mit Flüssigkeit getränkt sind, aber nicht zerfallen. Im heißen Öl von beiden Seiten etwa 2 Minuten braten, bis sie goldbraun sind. Butter und Zucker in die Pfanne geben. Die Pfanne schwenken, damit der Zucker schmilzt und sich eine leichte Kruste um die Brötchenscheiben bildet. Die Armen Ritter heiß mit dem abgekühlten Zwetschgenkompott servieren. Statt des Kompotts passt auch eine kalte Vanillesauce.

Schleckermäuler können die Armen Ritter als süße Hauptspeise essen, dann sollten die Zutaten aber mindestens verdoppelt werden.

Crostata di pere: Birnenkuchen

Für eine Tarteform von
etwa 28 cm Durchmesser

Mürbeteig:

200 g Mehl

100 g gemahlene
Haselnüsse

100 g Zucker

1 Prise Salz

1 Teelöffel Zimt

200 g kalte Butter

1 Eigelb

Für den Belag:

100 g Rosinen

50 ml Vin Santo

50 g Pinienkerne

150 g Ricotta

1 Eigelb

3 Esslöffel Zucker

1 Zitrone

800 g reife Birnen,
nicht zu weich und keinesfalls hart

50 g Amaretti

Die Rosinen heiß abspülen, abtropfen lassen und etwa 1 Stunde im Vin Santo marinieren.

Für den Teig die Haselnüsse in einer Pfanne ohne Fett rösten, bis sie duften. Gut aufpassen, dass sie nicht verbrennen. Die abgekühlten Nüsse mit dem Mehl, dem Zucker, der Prise Salz und dem Zimt mischen und auf die Arbeitsfläche häufen. Eine Kuhle in die Mitte drücken und das Eigelb hineingeben. Die kalte Butter in Stückchen schneiden und auf dem Mehl verteilen. Alles mit den Händen zu einem glatten Teig verkneten, bei Bedarf 1 bis 2 Esslöffel kaltes Wasser untermischen. Nicht zu lange bearbeiten, da sonst die Butter schmilzt und der Teig zu weich wird. Den Teig zu einer Kugel formen, in Klarsichtfolie hüllen und im Kühlschrank mindestens 1/2 Stunde ruhen lassen.

In der Zwischenzeit für den Belag die Zitronenschale abreiben, den Saft auspressen. Ricotta, Eigelb, Zucker und die Zitronenschale gut verrühren und kalt stellen. Die Pinienkerne ohne Fett in einer Pfanne rösten. Die Birnen schälen und vierteln, das Kerngehäuse entfernen. Die Viertel nochmals längs halbieren und mit dem Zitronensaft beträufeln. Die Amaretti fein hacken oder zerbröseln, das geht gut, wenn man sie in eine Plastiktüte packt und mit einem Nudelholz bearbeitet.

Den Backofen auf 200 Grad vorheizen. Den Teig ausrollen, am besten zwischen 2 Stücken Klarsichtfolie. So kann er nicht am Nudelholz festkleben, außerdem lässt sich die Teigplatte mit Hilfe der Folie bequem in die Form heben. Die Kuchenform inklusive Rand mit dem Teig auslegen. Den Teigboden mit einer Gabel mehrmals einstechen. Die Ricottacreme darauf streichen, die Amarettibrösel darüberstreuen und mit den Birnen belegen. Die marinierten, abgetropften Rosinen und die gerösteten Pinienkerne darüber verteilen. Im Backofen zirka 35 Minuten backen, bis der Kuchen eine schöne goldgelbe Farbe hat.

Aprikosentarte

Für eine Tarteform von
28 cm Durchmesser

Mürbeteig:

250 g Mehl

150 g Butter

100 g Zucker

1 Prise Salz

1 Eigelb

Belag:

50 g Mandeln

100 g Zucker

1,2 kg reife saftige
Aprikosen

60 g Butter

100 g Aprikosenkonfitüre

Das Mehl auf die Arbeitsfläche häufen, eine Kuhle hineindrücken, Salz und Eigelb in die Mitte setzen, den Zucker darüber streuen. Die Butter in Stücke schneiden und auf dem Mehl verteilen. Mit möglichst kühlen Händen alles rasch zu einem festen Teig kneten. Bei Bedarf einige Tropfen kaltes Wasser untermischen. Nicht zu lange bearbeiten, weil sonst die Butter schmilzt und der Teig zu weich wird. Den Teig zu einer Kugel formen und in einem Gefrierbeutel 1/2 Stunde lang kalt stellen.

In der Zwischenzeit die Mandeln mit 30 g Zucker im Mixer pulverisieren. Die Springform dick mit Butter ausstreichen und mit 2 Esslöffeln Mandel-Zucker ausstreuen, die Form drehen und wenden, bis sie überall vom Zucker überzogen ist. Überschüssigen Zucker aus der Form kippen.

Den Backofen auf 200 Grad vorheizen. Den Teig dünn ausrollen, in die Form legen und auch am Rand gut festdrücken. Die Aprikosen halbieren, den Kern entfernen und mit der Schnittfläche nach unten, dicht an dicht auf dem Boden anordnen. Mit dem restlichen Mandel-Zucker bestreuen, die Butter in Flöckchen darüber verteilen. Im Backofen etwa 40 Minuten backen. Der Kuchen soll am Rand schön gebräunt sein. Die Aprikosenkonfitüre mit 1 Esslöffel Wasser kurz aufkochen und den fertigen Kuchen damit überziehen. Der Kuchen muss vor dem Servieren auskühlen, erst dann schmeckt er schön knusprig-karamellig.

Einen Tipp für das Ausrollen von Mürbeteig finden Sie im Rezept für Birnenkuchen auf Seite 225.

Zitronen-Crème-brûlée-Tarte

Für eine Tarteform von
28 cm Durchmesser

Mürbeteig:

135 g Mehl

25 g Puderzucker

1 Prise Salz

90 g kalte Butter
in Flöckchen

4 Teelöffel gekühlte
Schlagsahne

1 verquirltes Eiweiß

Belag:

175 g Zucker

180 g Schlagsahne

4 Eigelbe von großen Eiern

2 große Eier

etwa 4 Zitronen für
120 ml Saft

Das Mehl auf die Arbeitsfläche häufen, eine Kuhle hineindrücken, Salz und Schlagsahne hineingeben, den Zucker darüber streuen. Die Butterflöckchen auf dem Mehl verteilen. Mit möglichst kühlen Händen alles rasch zu einem festen Teig kneten. Zügig arbeiten, weil sonst die Butter schmilzt und der Teig zu weich wird. Den Teig zu einer Kugel formen und in Klarsichtfolie eingewickelt mindestens 2 Stunden kühlen.

Den Backofen auf 175 Grad vorheizen. Den Teig ausrollen und in die Tarteform legen, auch den Rand bedecken. Den Boden etwa 15 Minuten backen, bis er goldbraun ist; eventuell entstehende Blasen mit einem Gabelrücken andrücken. Die Form aus dem Ofen nehmen und den noch heißen Teigboden zweimal mit dem verquirlten Eiweiß bepinseln, das dichtet den Boden für die Füllung ab.

Für die Creme die Zitronen auspressen, Sie brauchen 120 ml Saft. Zuvor die Schale von 1 Zitrone abreiben. Zucker, Sahne, Eigelbe und Eier in einer Schüssel verrühren. Zitronensaft und Zitronenschale zugeben. Die Füllung auf den warmen Boden gießen. Etwa 30 Minuten bei 175 Grad backen, bis die Füllung an den Rändern leicht aufgegangen und in der Mitte fest ist. Den Kuchen aus dem Ofen nehmen und komplett abkühlen lassen; das dauert etwa 1 Stunde.

Die Oberfläche der Tarte mit 2 Esslöffeln Zucker bestreuen und mit einem Crème-brûlée-Brenner (ein Gasbrenner, der mittlerweile in jedem Haushaltwarenladen zu kaufen ist) karamellisieren. Falls Sie dieses Gerät nicht besitzen, können Sie die Tarte unter dem Backofengrill karamellisieren. Weil sie dabei aber wieder warm wird, muss sie vor dem Servieren wieder 1 Stunde in den Kühlschrank.

Einen Tipp für das Ausrollen von Mürbeteig finden Sie im Rezept für Birnenkuchen auf Seite 225.

Damit Sie sich beim Lesen der Rezepte nicht langweilen, sind einige immer wiederkehrende Zubereitungsmethoden und die Beschreibung von oft benutzten Zutaten nicht jedesmals aufgeführt. So sollte Gemüse, Salat und Obst immer verlesen, geputzt und gewaschen werden. Salat schmeckt nur gut, wenn er vor dem Mischen mit der Vinaigrette gründlich trocken geschleudert wird. Nudeln werden selbstverständlich nicht verkocht, sondern kommen bissfest auf den Tisch. Aber das wissen Sie ja alles selbst.

Tomaten häuten

Die Tomaten oben mit einem scharfen Messer kreuzweise einschneiden. In eine Schüssel legen und mit kochendem Wasser begießen. Nach einer halben Minute abschütten und mit kaltem Wasser abschrecken. Jetzt lässt sich die Haut ganz leicht abziehen. Die Tomaten danach halbieren, die Kerne und den Glibber entfernen. Nach Angabe weiterverarbeiten.

Salz und Pfeffer

Fisch aus der Pfanne, im Ofen gegart oder roh mariniert, gegrilltes oder kurzgebratenes Fleisch und viele Gemüsegerichte schmecken einfach köstlich mit einer Prise Fleur de Sel. Die „Salzblume" kristallisiert als hauchdünne Schicht an der Oberfläche der Salzbecken. Sie bildet sich nur bei Windstille und wird von Hand geerntet, daher ist sie rar und entsprechend teuer. Auch wenn die einzelnen Körnchen viel grober sind als bei herkömmlichem Salz, schmeckt Fleur de Sel weniger salzig und hat einen geradezu schmelzenden Charakter auf der Zunge.

An den Gewürzständen Horst Franck und Karl Müller gibt es für Experimentierlustige feines Himalayasalz, zarte Salzflocken aus Wales, rosa Inkasalz aus Peru, schwarzes Hawaiisalz, Danish Smoked Salt aus dem Toten Meer und viele mit Aromen versetzte Salze. Hier finden Sie auch wunderbare exotische Pfeffersorten. Pfeffer sollten Sie nur frisch gemahlen oder im Mörser zerstoßen verwenden. Geschrotete oder gemahlene Körner verlieren in kürzester Zeit ihr Aroma und schmecken nach nichts.

Semmel- und Brotbrösel

Vergessen Sie das Sägemehl aus dem Supermarkt und reiben Sie altbackene Brötchen in wohlschmeckende Brösel. Der geschmackliche Unterschied ist gravierend. Für die groberen Brotbrösel, die in manchen Rezepten vorkommen, befreien Sie Brot vom Vortag von der Kruste und zerkleinern Sie es in der Küchenmaschine bis zur gewünschten Körnigkeit. Wenn Sie nur frisches Brot im Haus haben, rösten Sie die benötigte Menge bei 200 Grad im Ofen, lassen es abkühlen und zerkleinern es anschließend in der Küchenmaschine.

Schalotten

In den Rezepten werden anstelle von „normalen" Haushaltszwiebeln meistens Schalotten benutzt. Der Grund: Schalotten schmecken fein und aromatisch im Gegensatz zu ihren oft stechend-scharfen Verwandten.

Parmesan

Parmesan wird immer frisch gerieben, wenn Sie große Mengen brauchen, reibt sie Ihnen Ihr Käsehändler. Übrig gebliebenen Käse können Sie problemlos einfrieren.

Zitronen

Wenn in den Rezepten geriebene Zitronenschale gebraucht wird, stammt sie selbstverständlich von ungespritzten Früchten.

(Oliven)öl

Zum Braten sollten Sie ein gutes, zum Verfeinern und für Salat bestes Öl benutzen. In der Kleinmarkthalle gibt es etliche Quellen für sehr gutes Olivenöl, z. B. Valentino, Teo's Delikatessen, Francesco Belvedere.

Alphabetisches Rezeptverzeichnis

Rezeptverzeichnis nach Menüfolge

Impressum

Die Kleinmarkthalle kocht
Rezepte, Tipps und Bilder aus der Frankfurter Kleinmarkthalle

Herausgegeben von
Eva Wolf, Charlotte Schröner, Paul Claessen, Lothar Krauss

Recherche, Rezepte und Text: Eva Wolf
Lektorat: Tina Schreck

Fotografie: Paul Claessen
Bildbearbeitung: Vera Rücker

Gestaltung und Produktion: Lothar Krauss, Charlotte Schröner
Schriften: Franklin Gothic, Centennial

Druck: Nino Druck GmbH, Neustadt/Wstr.

Erschienen im
Nizza Verlag
Walldorferstraße 3
60598 Frankfurt am Main
Tel. 069-63198971
Fax 069-63198970
frankfurt@nizzaverlag.de
www.nizzaverlag.de

ISBN 978-3-940599-00-1

Printed in Germany